Y

Elwyn Edwards

YSBRYDION

Elwyn Edwards

Cyhoeddiadau Barddas

Argraffiad cyntaf: 2021
ISBN: 9781911584520

Cyhoeddwyd gan Gyhoeddiadau Barddas.
www.barddas.cymru

Cyhoeddir gyda chymorth ariannol Cyngor Llyfrau Cymru.

Dyluniad y clawr: Rebecca Ingleby Davies
Argraffwyd gan Y Lolfa, Tal-y-bont.

Diolchiadau

Diolch i Elwyn Ashford Jones am fy nghyfeirio at hanes Dosbarth Edeirnion, Cynwyd, yn y gyfrol *Hanes Methodistiaeth Dwyrain Meirionnydd*. Diolch hefyd i archifdai Caernarfon a Meirionnydd, a Llyfrgell Genedlaethol Cymru am yr hawl i ddefnyddio'r lluniau.

CYNNWYS

6. Y Gwesty

7. Ambell Ymweliad

8. Eneidiau Cofiadwy

9. Plant ac Ysbrydion

10. Profiadau o weld o flaen llaw

Rhagymadrodd

Wyddoch chi ei bod hi'n ffaith ein bod ni i gyd yn cael ein geni gyda'r ddawn seicig yn rhan ohonom? Mae nifer o rieni'n gyfarwydd â'u plant yn siarad ac yn chwarae gyda 'rhywun' gan feddwl mai dychymyg plentyn sydd ar waith – ffrind dychmygol, efallai, gan nad ydynt yn gweld unrhyw berson gweledol yno gyda'r plentyn. Ond ai creadigrwydd y dychymyg sydd ar waith, neu a yw'r plentyn â'r ddawn i gysylltu gyda'r byd ysbrydol ac felly'n cyfathrebu gydag ysbrydion sy'n blant eu hunain?

Mae sawl un wedi sôn wrthyf am eu profiadau pan oeddynt yn blant ac yn chwarae gyda phlant eraill, dieithr yn y stafell wely, neu wrth chwarae tŷ bach allan yn yr ardd. Roedd y plant dieithr yma'n dod atynt i chwarae gyda'u teganau, gan ddod yn ffrindiau'n syth. I'r plant daearol, byddai'r plant ysbrydol yn ymddangos fel plant o gig a gwaed go iawn, wrth gwrs. Ni fyddai unrhyw blentyn yn ymwybodol fod y ddawn seicig ganddo na'r gallu i gyfathrebu gydag ysbrydion.

Wrth i'r rhan fwyaf ohonom dyfu'n oedolion, rydym yn colli'r ddawn hon. Ond nid pawb. Gallai'r ddawn gael ei deffro ynom ymhen blynyddoedd wedyn gan ysbryd sydd am adael i ni wybod ei fod yno gyda ni. Weithiau, daw'r ysbryd atom i gael sgwrs yn unig, dro arall, daw atom gan fod rhywbeth yn ei boeni. Mae'n ceisio cysylltu'n gyntaf drwy wneud i bethau rhyfedd ddigwydd – pethau na ellir eu hesbonio, megis gwneud i stafell gynnes droi'n oer neu i stafell oer droi'n boeth. Gall y gwresogydd fod yn chwilboeth mewn stafell, ond y stafell ei hun cyn oered â rhewgell. Ac mae'r oerni sy'n cael ei greu gan enaid ysbrydol yn drech o lawer na gwres unrhyw wresogydd.

Arwydd arall yw clywed arogl drwg neu dda mewn adeilad – gan wneud i'r lle i gyd fynd yn iasol – neu arogl arbennig sy'n gysylltiedig ag ysbryd penodol. Roeddwn yn adnabod gwraig a oedd yn gweithio mewn caffi a fu farw yn weddol ifanc, a byddwn bob amser yn gwybod ei bod ar fin ymddangos gan fod aroglau coginio cig moch i'w glywed. Bu gŵr arall farw o'r cancr a byddai aroglau ffiaidd yr afiechyd brwnt hwnnw i'w ganlyn pan oedd yntau ar ei ffordd draw atom. Ysbryd arall sy'n rhoi arogl arbennig i ni yw ysbryd gŵr o'r enw Gwil. Pan fo Gwil am gysylltu gyda ni, mae pawb yn clywed oglau baco ei getyn. Ond yn ystod un sesiwn seicig, fi oedd yr unig un oedd yn gallu

dweud mai'r union arogl oedd Baco'r Brython, sef baco a wnaed yn Amlwch, sir Fôn gan gwmni W.T. Davies & Sons, Caer. Roedd y rhai a oedd gyda mi yn llawer rhy ifanc i'w gofio gan nad oedd y baco wedi ei gynhyrchu ers 1955!

Gall yr aroglau hyn ddigwydd mewn un stafell yn unig, neu hyd yn oed mewn un man bychan oddi mewn i adeilad gan ddibynnu a yw'r ysbryd – neu'r ysbrydion – drwy'r lle i gyd neu ddim ond mewn un rhan ohono. Yn aml, ceir amryw o wahanol ysbrydion mewn gwahanol stafelloedd yn yr un tŷ, a hyd yn oed oddi mewn i'r un stafell. Gall yr ysbryd hefyd fod mewn mwy nag un lle ar unwaith, ac mewn dau le gwahanol ar unwaith – a'r rheini'n bellter cred oddi wrth ei gilydd. Mae adnabod yr arwyddion a'u cysylltu gydag ysbrydion penodol yn rhywbeth i'w feistroli ac yn aml, mae'r un ysbrydion yn defnyddio'r un arwyddion wrth iddynt ein rhybuddio eu bod ar fin ymddangos. Un seicig sydd wedi dod i arfer gyda hyn yw Gwen. Pan mae teganau plant Gwen yn canu gyda'i gilydd mewn tri blwch gwahanol, mae hi'n gwybod bod ei nain ar ochr ei mam eisiau cysylltu. Fel arall, pan mae'r stafell yn llawn arogl mwg sigarét, mae ei nain ar ochr ei thad yn rhoi gwybod ei bod hithau'n ceisio cysylltu. Dro arall, gall y byd ysbrydol gysylltu pan nad yw'r cyfryngydd yn disgwyl cyswllt o gwbl. Gall roi darluniau ymlaen llaw i ni o'r hyn sydd yn mynd i ddigwydd a gall ddangos lluniau o ysbrydion mewn lle arbennig fel eu bod yn edrych i ni fel pobl go iawn, pobl o gig a gwaed.

Ar rai adegau, mae'n rhaid cynnal sawl noson seicig yn

yr un tŷ pan na fydd yn bosib cael gwared â'r ysbryd yn ystod un ymweliad yn unig. Ac nid yr ysbryd trafferthus dan sylw yw'r unig ysbryd sy'n dod atom – fe ddaw amryw o ysbrydion eraill hefyd. At hynny, gall ysbryd ymddangos i berson seicig mewn unrhyw fan, boed yn adeilad neu'n dir agored neu ar y ffordd fawr lle cafodd ddamwain angheuol – gan ddychwelyd i'r man ar yr union ddyddiad lle bu'r ddamwain flynyddoedd yn ddiweddarach. Gall ymddangos hefyd ar unrhyw gyfnod yn ei fywyd. Gwelais ysbryd gŵr mewn oed a oedd yn gyfarwydd iawn i mi a drawsnewidiodd o fod yn hen ddyn i fod yn llanc yn ei arddegau hwyr – a hynny oherwydd bod ambell i ferch ifanc ymysg y cwmni oedd wrthi'n ei drafod.

Mae'r nwydau yn mynd gyda'r enaid i'r ochr draw. Felly hefyd unrhyw salwch. Mae'r ymadrodd 'Hedd perffaith hedd' i'w weld ar gerrig beddau drwy'r wlad, a dyhead teilwng y teulu i'r ymadawedig yw'r geiriau hyn. Yn wir, ceir toreth o englynion coffa gyda'r un neges ar gerrig beddau. Ym mynwent Macpela, Pen-y-groes, Arfon, er enghraifft, ceir yr englyn hwn ar garreg fedd y Parch. John Jones (Ioan Eifion):

> Ioan Eifion o'i ofid – a'i ddu ing
> Ddihangodd i ryddid:
> Wedi mynd mae o'i wendid
> I iach le llon uwchlaw llid.

A dyma enghraifft arall ar garreg fedd ym mynwent Eglwys Bryncroes, Llŷn, sef englyn o waith Gwilym Berw yn coffáu Tomos Morris o Fod Hyfryd, Llanllyfni:

> Mis mawr i Tomos Morys – fu'r hydref
> Ond o'i frwydrau dyrys
> Gwelai'r lan a'r disglair lys,
> Yn iach ŵr mwyach erys.

Hynod ddirdynnol yw'r englyn hwn, 'Beddargraff Plentyn' gan Edward Richard (o'r *Flodeugerdd Englynion*, Gwasg Christopher Davies, 1978, gol. Alan Llwyd), sydd â'r geiriau, 'wyf iach o bob afiechyd':

> Trallodau, beiau bywyd – ni welais,
> Nac wylwch o'm plegid;
> Wyf iach o bob afiechyd
> Ac yn fy medd, gwyn fy myd.

Gan fod Crist wedi cael ei atgyfodi, cred rhai Cristnogion fod y meirw yn cael eu gwella o'u hafiechyd wrth ymadael â'r byd hwn. Yn fy mhrofiad i, fodd bynnag, nid yw hyn yn hollol gywir. Mae'r afiechyd a'u gyrrodd i'r ochr draw yn dal i'w poeni yn y fan honno gan mai'r un un yw'r enaid. Yn wir, mae llawer iawn o eneidiau yn methu â chroesi yn dawel oherwydd yr amgylchiadau a'u gyrrodd o'n byd ni ac maent mewn düwch tragwyddol rhwng y ddau fyd, neu o leiaf felly 'Hyd nes y daw rhywun'.

Dechreuais ymhél â'r byd ysbrydol oddeutu deng mlynedd ar hugain yn ôl a thrafodais y profiadau cychwynnol hynny yn fy nghyfrol gyntaf, *Byd yr Ysbrydion* (Cyhoeddiadau Barddas, 1998). Ers cyhoeddi'r gyfrol honno, daeth llawer tro ar fyd ac aeth trefn amser â llawer iawn ohonom i'r byd ysbrydol, gan gynnwys y gwyddonydd a'r seicig, y Prifardd Elwyn Roberts. Bu gyda mi ar sawl ymweliad ac rwy'n sôn am hynny yn fy nghyfrol gyntaf. Rwyf wedi cael cwmni ambell i seicig wrth ymweld â gwahanol leoedd yn y gyfrol hon hefyd, a braf yw gweld y ddawn yn cael ei meithrin a'i datblygu gan don newydd o ysbrydegwyr. Cewch hanes Gwen, Siwan, Heledd, Ceri ac ambell un arall sydd wedi dod gyda mi ar fy ymweliadau wrth i ni geisio mynd i'r afael ag eneidiau sydd yn methu â chroesi i'r ochr draw. Weithiau, rydym yn llwyddo i wneud hynny gydag un ymweliad – a byr yw'r hanesion hynny. Dro arall, mae rhaid ymweld â'r man lawer gwaith gan nad ydym yn llwyddo i gael gwared â'r ysbryd gydag un ymweliad yn unig. Hyd yn oed os ydym yn llwyddo i gael yr enaid aflonydd i groesi i'r byd ysbrydol, mewn rhai achosion, mae 'rhywun' arall yn dechrau poeni'r sawl sy'n byw yno a rhaid ailymweld dro ar ôl tro, a gall hynny barhau am fisoedd lawer. Er parch i'r unigolion sydd wedi fy nghroesawu i'w cartrefi dros y blynyddoedd a'r cwmni ar hyd y daith, mae'r mwyafrif o enwau unigolion a lleoedd wedi eu newid yn y gyfrol hon.

Pam mae ysbrydion eisiau cysylltu gyda ni? Gan amlaf, byddai'r ysbryd yn ymyrryd gan ei fod eisiau rhoi neges i drigolion y byd hwn, boed honno'n neges i unigolyn yn ein byd ni, neu'n neges oherwydd rhyw gyswllt rhyngddynt hwy ac adeilad neu hanes. Yn y gyfrol hon, ceir amrywiaeth o wahanol hanesion – am wahanol bobl, am leoedd ac am brofiadau ysbrydegwyr eraill, gan gynnwys fy nhaith bersonol i.

Elwyn Edwards
Medi 2021

1

YSBRYDION SWYDDFEYDD Y CYNGOR

Y llofrudd

Swyddfeydd i weithwyr Cyngor Gwynedd sydd i'w gweld heddiw ar Stryd y Jêl yng nghanol tref Caernarfon. Ond nid dyna oedd yno ganrif a mwy yn ôl. Ar safle'r adeilad presennol roedd Hen Garchar Caernarfon ac mae'r hen gelloedd i'w gweld yno o hyd. Fel nifer o hen adeiladau, mae ganddo orffennol difyr sydd weithiau'n mynnu cynhyrfu'r presennol – neu dyna farn nifer o weithwyr y Cyngor heddiw, o leiaf. Mae gan sawl un fu'n gweithio yn y swyddfeydd eu straeon eu hunain am yr adeilad, a dyma stori un ohonynt:

Es i ac un arall i lawr i'r celloedd i gadw gweithredoedd. Roedd y lle'n dywyll a doedd 'na neb arall yno. Ar ôl mynd i lawr y grisiau, rhaid agor drws arall i fynd i'r hen gelloedd ac mae'r lle'n hollol wag, fel arfer. Agorom y drws, ac ar ôl ychydig, gadawsom i'r drws gau y tu ôl i ni, er mwyn i ni'n dwy gael sgwrsio. Ond ar ôl ychydig o eiliadau, mi glywsom ergyd anferthol y tu ôl i'r drws. Dyma ni'n rhedeg mewn braw yn ôl i fyny'r grisiau. Ond mi benderfynom fynd yn ôl i lawr eto, ac wrth ailagor y drws, be welsom ni y tu cefn i'r drws oedd hen lyfr *ledger* mawr. Roedd 'rhywun' wedi ei daflu at y drws! Ond sut a'r lle'n hollol wag? Doedd dim posib i'r llyfr fod yn sefyll uwchben y drws gan fod y wal yn hollol *flush* a phe bai'r llyfr ar y llawr yn barod, ni fyddai ergyd uchel wedi ei chlywed. Ac os mai tric oedd hyn gan un o'r cyd-weithwyr eraill, gallai fod wedi bod yn dric peryglus iawn. Yr unig esboniad oedd i'r *ledger* gael ei daflu tuag at y drws gan rywun neu rywbeth.

Roedd y ddwy gyd-weithwraig wedi dychryn yn ofnadwy ac yn gwrthod mynd i lawr y grisiau ar ôl hynny. Nid oedd yn bosib esbonio'r hyn a ddigwyddodd gan nad oedd yr hen lyfr mawr trwm i fod yno beth bynnag. Roedd yn rhaid i mi fynd i lawr i'r celloedd a llwyddais i'w perswadio i ddod gyda mi, a minnau'n arwain. Camais i'r stafell ar waelod y grisiau cyntaf ac fel y cerddwn i lawr, daeth rhyw awyrgylch ffiaidd iawn drosof. Yn y stafell ei hun teimlwn ysbryd go filain yn ceisio fy meddiannu. Ar y pryd, gwyddwn nad oeddwn yn ddigon profiadol i ymwneud â'r ysbryd milain hwn a minnau'n seicig gweddol ddibrofiad. O'r herwydd, ceisiais ei gadw hyd braich. Serch hynny, fe roddai'r ysbryd rywfaint o'i hanes i mi drwy roi lluniau i mi yn fy meddwl. Gwelwn mai dyn ifanc yn ei ugeiniau cynnar oedd o, gyda gwallt melyn gweddol hir yn cyrraedd hyd at ei ysgwyddau.

Aethom yn ein blaenau o'r stafell honno i lawr y grisiau nesaf at y celloedd. Roedd yr ysbryd yn ceisio fy meddiannu o hyd, ond ceisiwn ei rwystro. Aethom i bob un o'r chwe chell i weld a oedd unrhyw fath o bresenoldeb ynddynt, ond na, roedd pob un yn dawel iawn ac ni theimlais unrhyw aflonyddwch. Roedd un gell ar ôl ac ar wahân i'r gweddill. Camais i'r gell honno, a newidiodd yr awyrgylch yn syth. Cawn y teimlad mai yn hon y treuliai'r sawl oedd yn cael ei ddienyddio ei noson olaf un, gan fynd oddi yma'n syth i'r grocbren. Heb os, roedd presenoldeb yr ysbryd yn fwy milain o lawer yn y gell hon ac fe'i cadwn ar hyd braich a'i rwystro rhag fy meddiannu'n llwyr. Mi wyddwn ei fod yn rhy beryglus o lawer.

Cefais ragor o luniau. Gwelwn fod gan yr ysbryd gysylltiad â'r môr a'i fod yn gweithio ar long. Yna, newidiodd y llun yn sydyn a cefais lun erchyll. Fe'i gwelwn yn treisio merch cyn ei thagu i farwolaeth; roedd yn ei llofruddio. Yn raddol, daeth llun ohono yntau'n cael ei ladd – ei grogi yn yr union garchar lle'r oeddem yn sefyll ynddo. Ond roedd rhywbeth mwy am yr ysbryd hwn. Rhoddai'r ysbryd yr argraff iddo gael bai ar gam am lofruddio a threisio'r ferch a'i fod yn filain iawn am yr anghyfiawnder hwn. Fodd bynnag, ni allwn gael y llun a oedd yn dweud hanes gwahanol iawn allan o fy meddwl. Ai dyma'r rheswm pam ei fod yn ymyrryd ac yn methu croesi'r ffin? Tybed iddo fod yma ers adeg ei ddienyddiad a'i fod yn methu symud yn ei flaen? Gwyddai yn iawn y medrai gysylltu gyda'r ddwy gyd-weithwraig gan iddo geisio tynnu eu sylw drwy daflu'r llyfr trwm at y drws. Roedd yn ceisio cyfathrebu â nhw, efallai i ddweud ei ochr o i'r stori.

Gan nad oeddwn yn ddigon profiadol i ymwneud â'r ysbryd hwn ar fy mhen fy hun ar y pryd, gofynnais i'r ysbrydegydd Elwyn Roberts ddod gyda mi yno'r tro nesaf. Aethom ni'n dau, ynghyd â'r ddwy weithwraig, i lawr i'r gell lle cawsant eu dychryn. Fel arfer, Elwyn fyddai'n mynd i lesmair a minnau'n holi'r ysbryd, ond y tro hwn rhoddodd gyfle i mi gael fy meddiannu gan addo edrych ar fy ôl, ac felly y bu. Yn ffodus iawn, nid oedd yr ysbryd mor danbaid â'r tro diwethaf. Roedd o wedi tawelu cryn dipyn, fel pe bai'n falch o'r cyfle i ddweud ei gŵyn. Gwelwn lanc ifanc, penfelyn unwaith eto, a'r un lluniau ag o'r blaen: llong gyda'r enw 'Abigail' arni ac yntau'n sgwrio'i bwrdd ac yn ei glanhau, a chapten llong yn y pellter. Yn raddol, daeth mwy o fanylion a chawsom wybod bod ganddo gysylltiad â sir Fôn – fferm o'r enw 'Pant Glas'– ac yn rhyfeddol, roedd un o'r gweithwyr a oedd gyda ni â chysylltiad teuluol â'r fferm honno. Ond yr unig enw a gawsom ganddo oedd 'Jane Edwards'; ni chafwyd enw arno fo'n bersonol na dim mwy am ei hanes. Ciliodd yn swta. Gwellhaodd pethau yno wedi hynny oherwydd iddo gael dweud ei gŵyn wrthym.

Siambr Hywel Dda

Stafell hynod o drom oedd Siambr Hywel Dda. Roedd awyrgylch llethol yn perthyn i'r lle a byddai'n pwyso'n drwm arnaf bob tro'r oeddwn yn mynd iddi. Nid oedd amheuaeth bod rhyw ias o dristwch annaturiol yn treiddio trwy'r lle a bu'r teimlad hwnnw ynof o'r tro cyntaf un i mi fynd i'r stafell. Ni ddaeth unrhyw luniau i'r meddwl o gwbl ar y dechrau, dim ond y teimlad o bwysau mawr yn gwasgu arnaf yn ddi-baid a'r iasau yn cerdded yn ysgafn ar hyd fy madruddyn hyd at fy mhen.

Nid y fi oedd yr unig un i deimlo awyrgylch annifyr yn y stafell. Roedd cynghorydd arall wedi profi rhywbeth tebyg ac felly'n casáu mynd yno. Yn un o'r pwyllgorau – ag amryw yno gyda hi – fe'i gwelai hi ei hun yn eistedd yr ochr draw i'r stafell ac yn syllu'n ôl arni hi ei hun. Yn ddiarwybod iddi hi, roedd hi wedi cael ei meddiannu gan yr ysbryd, ac yn naturiol, heb ddeall beth oedd yn digwydd. Roedd ei henaid wedi gadael ei chorff ac wedi crwydro ar hyd y lle, ac ni ddeallodd bod hyn wedi digwydd hyd nes y gwelodd hi ei hun yn syllu arni ryw bump i chwe llath oddi wrthi. Hawdd iawn yw deall pam nad oedd yn hoffi mynd i'r stafell hon wedi'r digwyddiad hwn.

Treuliais gyfnodau ar fy mhen fy hun yn y stafell dros amser i geisio cysylltu gyda'r ysbryd. O'r diwedd, dechreuodd y lluniau ddatblygu yn fy meddwl. Gwelwn ferch ifanc hynod, hynod o drist. Ar y dechrau, nid oeddwn yn cael dim oll am ei hamgylchiadau personol, dim ond mai merch o gwmpas yr ugain oed oedd hi. Ond yn raddol, cawn argraffiadau byw iawn ei bod hi yn y carchar am lofruddio rhywun arall, bachgen neu ddyn. Ei thynged oedd y grocbren. Ni ddatgelodd ei henw na dim oll amdani hi ei hun, ond parhau wnaeth yr argraffiadau, a maes o law, cawn yr argraff ei bod hi hefyd yn feichiog. A hithau wedi ei dedfrydu i farwolaeth, arhosodd yr awdurdodau iddi eni'r baban – yno yn y carchar – a'i dienyddio'n syth wedyn. Ni ellir profi bod hyn yn gywir, wrth gwrs, ond dyna'r lluniau a'r argraffiadau a gawn ganddi.

Bellach, mae'r stafell wedi ei gweddnewid yn llwyr. Mae'n wir i'r awyrgylch trwm ac annifyr fynd o'r stafell a hyd y gwn i, nid oes unrhyw un wedi teimlo presenoldeb yr ysbryd ers hynny. Ond mi wn hefyd nad yw enaid y ferch a brofodd gyfnod trist iawn ar ddiwedd ei bywyd wedi ei ryddhau'n llwyr. Ni fu iddi fy meddiannu o gwbl ac mae cyflwr meddyliol yr ysbryd o'r herwydd ar chwâl yn llwyr. Hyd y gwn i, nid yw ysbryd y ferch ifanc eto wedi croesi i'r ochr draw.

Principal yr Hen Garchar

Weithiau, caiff ysbrydion eu cyffroi oherwydd rhyw ddigwyddiad penodol mewn hen adeilad a hynny'n ddigon i'r ysbryd – a oedd yn perthyn i'r adeilad pan oedd yn gweithredu fel carchar yn achos y swyddfeydd – groesi trosodd i'n byd daearol ac ymddangos. Mae'r stafelloedd o boptu'r cyntedd wedi eu troi'n swyddfeydd erbyn hyn ac roedd un o'r merched a oedd yn gweithio yn un o'r stafelloedd wedi gweld rhywun neu rywbeth yn cydgerdded gyda hi ar hyd y cyntedd. Wrth iddi droi a mynd i fyny'r grisiau ar yr ochr dde i'r cyntedd, fe ddiflannodd y ffurf i mewn i'r wal lle mae'r grisiau yn arwain i lawr i'r celloedd islaw'r adeilad.

Galwad ffôn ges i'r tro hwn. Fel yr oedd y siaradwr yn disgrifio'r hyn a ddigwyddodd wrthyf ar y ffôn, dechreuodd yr iasau grynhoi a gwelwn ddarluniau yn dechrau datblygu yn fy meddwl. Gwraig mewn gwisg ddu a welwn, tua chanol oed, ac yn gwisgo gwregys du am ei chanol a nifer o oriadau mawr yn crogi wrth y gwregys. Fe'i gwelwn yn glir iawn ac roedd rhyw awdurdod pendant yn ei hamgylchynu. Datgelodd wrthyf mai hi yw'r *principal*: prif bennaeth y carchar. Ni chefais ei henw, ond roedd hi am dynnu fy sylw yn arbennig at ei phen, fel petai am i mi ddeall bod rhywbeth yn ei gwallt. Ni fedrwn yn fy myw â gweld top ei phen na'i gwallt yn iawn yn fy meddwl, er bod ei hwyneb yn hollol glir. Roedd rhyw arwyddocâd i hyn, ond beth? Pam nad oedd hi am i mi eu gweld rŵan ar y ffôn?

Es draw i'r adeilad ymhen ychydig o wythnosau. Roeddwn yn sicr nad oedd ysbryd y wraig yn danbaid o gwbl ac nad oedd unrhyw beth i'w ofni amdani. Ond roedd hi wedi codi arswyd ar y ddwy oedd yn gweithio yno, ac aeth tri ohonom i lawr i'r stafell o dan yr adeilad i weld a gawn rywbeth yno. Ymhen ychydig, dechreuodd yr iasau grynhoi ynof ac ymddangosodd ffurf ac awel oer yn ei chanlyn gan fynd heibio'n araf. Sylwodd y tri ohonom ar y ffurf, a theimlo'r awel oer, cyn iddi ddiflannu i'r wal, sef y wal sy'n terfynu gyda'r cyntedd, fel pe bai'r ysbryd yn mynd yn ei ôl i'r cyntedd.

Staff yr Hen Garchar. Y principal yw'r wraig gyntaf o'r chwith i'r dde. Mae ganddi oriadau yn ei dwylo.

Dyna'r cyfan a gafwyd ac nid oedd dim amdani ond mynd i fyny'r grisiau yn ôl i'r cyntedd. Roeddem wrthi'n sgwrsio am yr hyn a welsom pan dynnwyd fy sylw at luniau ar wal y cyntedd – lluniau o rai o swyddogion a gweithwyr y carchar o'r cyfnod pan oedd yr adeilad yn gweithredu fel carchar. Yn un o'r lluniau, roedd yr union wraig a welais yn y llun a gawn pan oeddwn ar y ffôn adre yn y Bala. Y ddynes mewn du, *principal* y carchar, gyda'r gwregys du am ei chanol a'r goriadau'n crogi wrtho. Nid hwn oedd yr union lun a welais yn fy meddwl, ond yn bendant, hon oedd yr un wraig â'r wraig yn y llun. Ac am y tro cyntaf gwelwn ei phen yn glir, y pen roedd hi wedi tynnu fy sylw ato ond heb ei ddangos yn iawn i mi. Ar frig ei phen roedd ei gwallt wedi ei gasglu ynghyd yn belen gron, ac wedi ei glymu wrtho, rhuban du unigryw yr olwg. 'Dyma'r ysbryd!' meddwn wrth y gweddill gan bwyntio at y wraig yn y llun. 'Heb os, dyma'r wraig weles i pan ddaru chi ffonio 'cw.' Dyma nhw'n edrych arnaf yn syn gan holi, 'Pam dy fod ti'n deud mor bendant mai dyma'r ysbryd ydyn ni 'di'i weld?' holodd un. 'Gan mai ysbryd y wraig hon yn sicr weles i adre a rŵan yn y stafell i lawr y grisiau. Mae'i hysbryd hi yma yn yr Hen Garchar o hyd, *principal* y carchar ar un adeg, mae'n rhaid.' Ond roeddynt yn dal i edrych yn syn arnaf gan egluro, 'Yn rhyfedd iawn, 'den ni 'di bod yn siarad am y wraig yma yn y llun yn ddiweddar iawn. Mae hi'n debyg iawn i fam un o'r gweithwyr!' Gwyddai ysbryd y wraig yn iawn eu bod yn siarad amdani a dyna pam iddi ymddangos i'r gweithwyr. Ni welwyd yr hen *principal* byth wedyn.

Y glanhäwr blin

Mae rhai o ysbrydion adeilad y Cyngor yn gallu croesi yn ôl ac ymlaen rhwng y byd hwn a'r byd ysbrydol fel y mynnant. Nid oes unrhyw beth mawr yn eu poeni, ac felly maent yn eithaf bodlon eu byd yn croesi'n ôl bob yn hyn a hyn gan ddod at weithwyr y swyddfeydd am dro i ddangos eu bod yn dal yno, neu i ddweud eu cwyn am rywbeth neu'i gilydd.

Un felly oedd yr ysbryd mewn un o'r hen swyddfeydd. Yn un rhan o'r adeilad mae drws sy'n arwain o'r stryd ac i mewn i gyntedd gyda swyddfeydd ar yr ochr chwith a'r ochr dde. Yn y swyddfa ar y chwith, cwynai un o'r gweithwyr ei fod yn methu dod o hyd i bethau roedd o'n eu gadael ar ei ddesg, er chwilio amdanynt ym mhobman. Nid oedd yr awyrgylch yno'n gas ac nid oedd unrhyw bresenoldeb i'w deimlo yno o gwbl, dim ond bod rhai o'r trugareddau ar y ddesg yn diflannu dros nos. Ymhen ychydig, cafwyd yr un drafferth gan eraill oedd yn gweithio yn yr un stafell – colli mân bethau, megis pensiliau, beiros, papur ysgrifennu ac ati, er chwilio amdanynt ym mhobman. Dyma feddwl bod rhywun yn chwarae triciau arnynt yn ystod y nos, er y gwyddent mai'r glanhawyr yn unig oedd â mynediad i'r swyddfeydd wedi i bawb fynd adref. Ni feddyliodd unrhyw un mai'r goruwchnaturiol oedd yn ymyrryd â'u hoffer, hyd nes i un o'r gweithwyr eu darganfod ymhen rhai wythnosau. Yn rhyfeddol, o dan hen gwpwrdd yn y stafell, roedd rhai o'r pethau a oedd wedi diflannu o'r ddesg gyntaf un wedi eu gosod yn daclus gyda'i gilydd. Pwy ar wyneb y ddaear oedd wedi eu casglu a'u cuddio yno o olwg pawb? Parhaodd pethau i ddiflannu o'r desgiau eraill hefyd, cyn iddynt ddechrau ymddangos eto – rhai wedi eu stwffio i ambell gornel, neu wedi eu gosod mewn hen ddrôr neu gwpwrdd gwag nad oedd yn cael llawer o ddefnydd.

Daeth yr alwad i mi fynd draw. Ar ôl sgwrsio gyda'r

gweithwyr am ychydig, dechreuodd yr iasau grynhoi ynof. Ond nid oedd yr awyrgylch yn y stafell hon yn debyg o gwbl i'r awyrgylch a deimlais yn y celloedd pan oeddwn yn ceisio cysylltu gyda'r llofrudd. Ysbryd go wahanol oedd yma. Es i lesmair ysgafn gan weld y ddau fyd, a datblygodd llun o ŵr mewn côt ysgafn, frown, weddol hir yn fy meddwl. Nid oedd yn gas ond roedd wedi gwylltio'n arw. Roedd yn flin gan fod pobl eraill yn defnyddio'r stafell fel swyddfa – ei stafell o. Safai yn y gornel oedd ar y dde i mi ac roedd hi'n amlwg nad oedd yn fodlon iawn bod y stafell wedi cael ei throi'n swyddfa, nac ychwaith bod ei offer glanhau wedi cael ei symud oddi yno. Dangosai lun o'r stafell i mi fel yr oedd cyn iddi gael ei throi'n swyddfa. Gwelwn sawl brwsh llawr, clytiau glanhau, mopiau llawr a bwcedi mop, tuniau polish Mansion, rhawiau bychain, ac amryw o bethau eraill at lanhau. Siaradai gyda mi, nid yn uchel fel bod y gweddill yn ei glywed, ond yn uniongyrchol trwy'r meddwl. Ailadroddwn yr hyn oedd ganddo i'w ddweud wrth y gweithwyr. Meddai, 'Y fi sy'n gofalu am y stafelloedd ac am lanhau'r lle 'ma. Y fi sy'n glanhau'r lle wedi i bawb fynd adra, a fy stafell i 'di hon i gadw'r petha at y gwaith. Does gan y rhain 'im hawl i fod yma, ma'n nhw 'di symud 'y mhetha i o 'ma. Ma'n nhw'n niwsans. Y fi sy'n gofalu amdani, a does gan y rhain 'im hawl i fod yma o gwbl heb 'y nghaniatâd i.'

Yna, dechreuodd yr iasau unwaith eto ac roedd yna ysbryd arall am gysylltu. Datblygodd llun gwraig yn sefyll heb fod ymhell oddi wrtho. Roedd ganddi hithau frwsh llawr yn ei dwylo ac yn amlwg yn glanhau'r lle hefyd. Cawn yr argraff mai hi oedd ei briod ac roedd golwg ddigon sur arni hithau hefyd. Ni chefais enw'r un ohonynt ac ni feddyliais am ofyn iddynt chwaith. Ond cawn y teimlad, pe bai gweithwyr y swyddfa'n ymddiheuro i'r ddau am feddiannu'r stafell heb eu caniatâd, yna, hwyrach y byddent yn bodloni ac yn rhoi'r gorau i ymyrryd. Dyna wnaeth y gweithwyr ac ers hynny, ni fu unrhyw aflonyddu yn y stafell.

Ceidwad yr hen gofnodion

Ar lawr uchaf y swyddfeydd ac i fyny yn y nenfwd, cedwir cofnodion gweithgareddau'r Cyngor am y blynyddoedd a fu mewn blychau ffeilio. Maent mewn un rhes ar y silff a'r cyfan wedi eu rhifo ac wedi eu gosod mewn trefn yn daclus. Ond dechreuodd y ffeiliau symud a chael eu cymysgu a hynny yn ystod y nos pan oedd y stafell yn wag. Roedd yr holl beth yn boen go iawn i'r gweithwyr oedd yn gofalu am y ffeiliau. Unwaith y gosodwyd hwy yn ôl mewn trefn, roedd yr un peth yn digwydd eto. Bu'r dirgelwch yn ddigon i godi ofn arnynt gan nad oedd unrhyw esboniad arall – roedd rhyw ymyrraeth arallfydol ar waith.

Cefais alwad i fynd draw i geisio datrys y dirgelwch a daeth rhai o'r gweithwyr gyda mi i'r stafell yn y nenfwd. Cerddais yn ôl ac ymlaen heibio i'r silff lle'r oedd y ffeiliau yn cael eu cadw er mwyn cael teimlad o'r lle a'r awyrgylch, ac i weld a gawn bresenoldeb yno, ac os cawn, i estyn gwahoddiad i bwy bynnag oedd yno i ddod atom am sgwrs. Ymhen ychydig dechreuodd yr iasau grynhoi. Nid iasau milain fel y cafwyd yn y celloedd, ond iasau annifyr, fel pe bai rhywun yn anfodlon iawn ein bod ni yno; rhywun oedd yn anhapus oherwydd bod ei awdurdod yn cael ei herio. Yna, datblygodd llun o ŵr bychan, pwysig iawn yr olwg. Ni ddatgelodd ei enw a dewisodd beidio â fy meddiannu'n llwyr, ond roedd o'n gandryll am rywbeth. Ei bregeth oedd, 'Dydi'r merched 'ma'n symud 'yn ffeiliau i ac yn eu lluchio nhw o'r neilltu! Does ganddyn nhw'm hawl i neud hyn! Fy ngwaith i 'di gofalu amdanyn nhw yn y lle 'ma ac nid y nhw!' Dangosai'r dyn blin luniau o'r hen lyfrau cadw cofnodion i mi – o'r cyfnod pan oedd o'n gofalu amdanynt flynyddoedd lawer yn ôl. Roeddynt yn un rhes daclus ar yr un silff lle'r oedd y ffeiliau newydd, yn drwchus a thrwm o hen lyfrau *ledgers*.

Dyma egluro'r sefyllfa wrth y gweithwyr. Yn anffodus, nid oedd sôn bellach am yr hen lyfrau gan eu bod wedi eu symud oddi yno ers tro byd i wneud mwy o le i'r llyfrau newydd. Nid oedd dim amdani ond gofyn iddynt ymddiheuro i'r dyn bychan i weld a fyddai'n fodlon rhoi heddwch iddynt wedyn. A dyna a wnaed, gan ofyn yn gwrtais i'r ysbryd a fyddai'n iawn iddynt, gyda'i ganiatâd o, ddefnyddio'r silff i gadw'r cofnodion newydd. Ni chefais ateb a diflannodd yr ysbryd. Er iddo ymddangos yn ddigon blin wrth ymadael, tawelodd pob dim yno wedi hynny ac mae'r ffeiliau'n cael llonydd o'r diwedd.

2

ENEIDIAU ANNISGWYL

Ann Griffiths, yr emynyddes

Un o anfanteision bod â'r gallu i gyfathrebu ag eneidiau o'r byd ysbrydol yw bod rhai ohonynt weithiau'n dod ataf yn gwbl annisgwyl, heb rybudd yn y byd. Profiad felly oedd yr un a gefais yn Eisteddfod Genedlaethol Maldwyn a'r Gororau 'nôl yn 2003. Llwyfannwyd y sioe gerdd *Ann* gan Gwmni Theatr Maldwyn yn y pafiliwn ym Meifod ac aeth Eleanor y wraig a minnau i weld y sioe un noson.

Prif gymeriad y sioe oedd yr emynyddes enwog oedd yn byw yn ystod ail hanner y ddeunawfed ganrif, Ann Griffiths o Ddolwar Fach, a'r sawl oedd yn chwarae rhan Ann oedd y gantores Sara Meredydd. O'r cychwyn cyntaf pan gamodd Sara i'r llwyfan i ganu, teimlwn yr iasau ysbrydol yn cerdded ar hyd y madruddyn yn fy asgwrn cefn, gan gryfhau weithiau, ac yna'n gwanhau. Yna, ymhen tipyn, gwelwn lun merch yn fy meddwl, ac yn wir, teimlwn fod rhywun yn fy meddiannu. Synhwyrodd

Eleanor fod rhywbeth yn digwydd i mi a gofynnodd yn ddistaw beth oedd yn bod. Atebais innau'n dawel, 'Dwi'n meddwl bod ysbryd Ann arna i.'

Wrth weld a chlywed Sara yn canu ar y llwyfan, cawn lun o ferch weddol ifanc yn ei dilyn. Roedd hi'n eithaf tal gyda gwallt tywyll a chryfhau wnaeth yr argraff mai'r rhith a welwn oedd ysbryd Ann Griffiths. Bu'n mynd a dod am dipyn, a cheisiais graffu'n fanylach. Datblygodd llun ci gyda'r ferch, er nad oedd y llun hwnnw'n un clir iawn. Cawn yr argraff mai hwn oedd ci Ann a'i fod yn ffefryn mawr ganddi ac yn ei dilyn i bobman. Nid oeddwn yn deall yn union beth oedd arwyddocâd y ci na pham ei bod hi'n awyddus i'w ddangos i mi.

Fel yr âi'r noson yn ei blaen, roedd yr iasau yn mynd yn gryfach, yn enwedig fel y dôi Sara – neu Ann – yn fwy amlwg yn y sioe. Cawn y teimlad o dawelwch a dwyfoldeb, ynghyd â'r argraff bod Ann ei hun wrth ei bodd yn cael y fath sylw. Gofynnais yn ddistaw yn fy meddwl iddi roi arwydd pendant i mi mai ysbryd Ann oedd arnaf. Yn fuan wedyn, atseiniodd clec uchel gerllaw ein seddau. Roedd pump ohonom mewn un rhes lle'r eisteddem yn y pafiliwn a chawsom ein gwyro yn ein blaenau. Bu'n rhaid i ni i gyd sefyll ar ein traed i gael gweld beth oedd wedi digwydd a gwelsom fod y darn haearn tenau a ddaliai'r rhes gyda'i gilydd wedi torri yn ei hanner. I mi, hwn oedd yr arwydd y gofynnais amdano.

Ymhen rhai dyddiau wedi'r Eisteddfod, es ati i ymchwilio i hanes Ann Griffiths. Er mawr syndod i mi, darganfyddais fod ganddi gi anwes a oedd yn ei dilyn i bobman. Roedd y ci'n mynd gyda hi i'r oedfaon ac yn gorwedd o dan ei sedd yn ystod y gwasanaethau bob tro. Digwyddais rannu'r profiad a gefais yn ystod y sioe gyda'r diweddar Derec Williams o Lanuwchllyn – un o brif sefydlwyr Cwmni Theatr Maldwyn. Roedd ei ymateb yn syfrdanol. Dywedodd, gyda chryndod yn ei lais, 'Wyddost ti be? 'Den ni wedi recordio'r noson honno a dwi wedi gwrando ar y tâp. Arno mae 'na sŵn ci yn udo ar draws y gerddoriaeth a'r canu mewn sawl lle.'

Y wraig ger Llyn Celyn

Un prynhawn Llun, penderfynodd Eleanor a minnau fynd am dro o gwmpas Llyn Celyn yn y car. Aethom trwy bentref Arenig ger y Bala, heibio i ffermdy Bryn Ifan sydd ar ochr y ffordd ar y chwith, ac ymlaen tuag at y Fawnog Gam, sydd ar ochr isaf y ffordd yng nghefn Mynydd Nodol. Roeddem yn mynd i lawr am y darn gwastad sydd yno cyn cyrraedd olion hen chwarel pan welson ni wraig oedrannus yn cerdded ar ochr y ffordd ryw bum canllath i ffwrdd oddi wrthym. Roedd ganddi wallt gwyn a chôt las, ac roedd hi'n cerdded gyda ffon a'i chefn tuag atom. Fel yr oeddem yn nesáu tuag ati ac oddeutu hanner canllath oddi wrthi fe ddiflannodd yn llwyr. Roedd y ddau ohonom yn gegrwth. Un eiliad roedd hi yno yn cerdded o'n blaenau, a'r eiliad nesaf nid oedd sôn amdani.

Stopiais y car ac es allan i chwilio amdani ar hyd yr ochr

isaf, ar ochr y Fawnog Gam. Ond nid oedd sôn amdani yn unman, nac ar yr ochr uchaf i'r ffordd – ar ochr Mynydd Nodol – chwaith. Nid oedd unrhyw le yno iddi allu cuddio. Aethom yn ôl i'r car yn ddryslyd ac i ffwrdd â ni. Ymhen rhyw hanner milltir penderfynais droi yn ôl i chwilio amdani eto, ond yn ofer. A dyma sylweddoli mai ysbryd gwraig mewn côt las a welsom yn cerdded, ond gan ei bod hi'n edrych mor fyw, ni wnaethom sylweddoli hynny ar y pryd.

Ni chefais gyfle i geisio cysylltu gyda hi gan i'r ddau ohonom feddwl mai person go iawn oedd hi. Gallai fod yn unrhyw un, mewn gwirionedd, ond yr argraff a gefais ohoni oedd ei bod yn rhywun a oedd wedi byw yn lleol a'i bod wedi dychwelyd i droedio'r hen lwybrau a oedd mor gyfarwydd iddi pan oedd hi'n byw yno. Tybed a fu un o'r tai bychan yn Arenig yn gartref iddi pan oedd y chwarel yn ei hanterth? Gwelir olion rhes o dai sinc yn ymyl y ffordd ger y pentref ac ychydig o dai hefyd a godwyd ar gyfer gweithwyr yr hen orsaf drenau. Neu mae'n ddigon posib mai dieithryn oedd hi a oedd wedi bod yn cerdded y llwybrau cyfagos. Yr unig beth sy'n sicr oedd ei bod yn gwybod ei bod yn gallu cysylltu gyda ni ac felly wedi dewis dangos ei hun i Eleanor a minnau.

Y teithiwr annisgwyl

Un diwrnod wrth deithio yn y car daeth rhyw bresenoldeb cryf arnaf yn gwbl annisgwyl. Datblygodd llun o wraig yn fy meddwl. Ni fedrwn ei gweld yn hollol glir, ond cawn yr argraff mai gwraig ganol oed oedd hi, a chlywais arogl persawr cryf yn treiddio trwy'r car. Nid oedd gennyf syniad pwy na beth oedd ganddi ei eisiau, ond mi wyddwn y byddai'n sicr o gysylltu eto, maes o law.

Fel y treiglai amser, cryfhaodd y presenoldeb yn y car a daeth llun yr ysbryd yn gliriach. Gwraig yn ei phumdegau hwyr ydoedd. Roedd yn ddagreuol a golwg fyfyriol arni. Nid arhosodd yn hir o gwbl ac fe ddiflannodd yn ddisymwth. Ond bellach, mi wn yn iawn beth a ddigwyddodd iddi. Cafodd ei lladd mewn damwain ffordd – damwain angheuol – a'i chymryd o'r byd hwn yn llawer rhy fuan.

Ar noson arall, bûm mewn cyfarfod â chriw o bobl o'r un anian â mi er rhannu profiadau ac ati. Wrth fynd i'r stafell cerddais heibio rhywun, a dyma hi'n dod ar fy ôl gan ofyn, 'Pa hylif-ar-ôl-siafio ydych chi'n ei ddefnyddio?' 'Dydw i byth yn ei ddefnyddio,' atebais. A dywedodd, 'Fel yr oeddech yn mynd heibio i mi wrth ddod i mewn, roedd yna ogla persawr cryf arnoch chi.' Gwyddwn yn iawn beth oedd ganddi ac eglurais wrthi fod ysbryd gwraig a laddwyd mewn damwain ffordd gyda mi yn y car bob yn hyn a hyn. Ei ffordd o adael i mi wybod ei bod yno oedd drwy'r arogl persawr, a'r noson arbennig hon, roedd hi wedi gwneud yr un peth i'r seicig arall.

Achubwyd fy mywyd, o bosibl, gan yr ysbryd hwn yn y car un bore. Roeddwn yn teithio i bencadlys Parc Cenedlaethol Eryri ym Mhlas Tan y Bwlch, Maentwrog, a mymryn yn hwyr i gyfarfod yno. Roedd y droed yn pwyso'n drwm ar sbardun y car a gyrrais yn rhy gyflym o lawer. Es heibio'r fynedfa i bentref Gellilydan ar wib gan ddod at y gornel gyntaf. Yn sydyn ar y gornel, teimlais awel ysgafn yn dod o gyfeiriad ochr chwith y car – o ochr y teithiwr – er bod y ffenestri i gyd ar gau. Gwyddwn yn syth bod rhywun yno'n ceisio cysylltu, ond roeddwn yn rhy brysur yn canolbwyntio ar y gornel i gymryd sylw o bwy bynnag oedd yno. Heb arafu dim, es yn fy mlaen i'r gornel nesaf a theimlo'r awel yn dod eto. Y tro hwn, daeth yr awel yn syth i fy wyneb ac yn oerach o lawer na'r tro cynt. Gwyddwn fod rhywun yno'n ceisio dweud rhywbeth wrthyf. Ar hynny, gwelwn ysbryd y wraig ganol oed â golwg go sarrug ar ei hwyneb. Ysgydwai ei bys yn chwyrn yn fy wyneb ac erbyn hyn, roeddwn yn gwybod yn iawn ei bod hi'n fy rhybuddio rhag rhywbeth a oedd ar y ffordd o'm blaen. Cefais ychydig o fraw ac arafais. Es rownd y drydedd gornel gan arafu'n ddirfawr y tro hwn, ac ar y drofa ar ganol y ffordd roedd yno ddau gar benben â'i gilydd. Roedd damwain newydd ddigwydd. Es heibio yn araf ac roedd torf fechan yn sefyll wrth y ceir, ond nid oedd neb wedi ei frifo, mae'n debyg. Heb rybudd y wraig yn y car, mi fyddwn innau wedi mynd ar fy mhen iddynt.

Mewn sesiwn seicig yn dilyn hyn oll, yr ysbryd cyntaf i ddod ataf oedd y wraig yn y car. Ymddangosodd â'r un olwg sarrug arni gan ddweud mewn llais pendant iawn, 'Gwranda di arna i o hyn ymlaen a stopia yrru yn y car 'ne!'

3

Y LLEIAN

Ysbryd gwarcheidiol Gwen

Mae gennym oll ein hysbrydion gwarcheidiol ac mae hanes y lleian – yr ysbryd sy'n gwarchod Gwen, seicig sydd wedi bod ar sawl ymweliad gyda mi – yn dangos ffordd arall y mae ysbrydion yn cyfathrebu gyda ni. Erbyn hyn, mae Gwen yn gyfryngydd da iawn ac yn gallu mynd i lesmair fel y myn, ond ar y dechrau, nid oedd hi'n gallu meistroli'r ddawn ac felly roedd hi'n gwrthod gadael i'r ysbrydion ei meddiannu. Mae'r ddawn 'ysgrifennu diymdrech' ganddi; hynny yw, mae'n bosib i ysbrydion gysylltu drwyddi a hithau'n ysgrifennu eu neges ar bapur. Un o'r ysbrydion hynny yw'r lleian – ei hysbryd gwarcheidiol.

Rwyf wedi gweld y lleian lawer iawn o weithiau erbyn hyn pan wyf wedi bod yng nghwmni Gwen. Dynes fechan, eiddil, oddeutu canol oed yw hi. Mae ganddi wisg ddu a phenwisg ddu a gwyn am ei thalcen, a lliain gwyn o'r gwddw i lawr at ei chanol ac mae'n gwisgo sbectol. Roedd hi'n byw yng Nghanada a chroesodd y ffin i'r ochr draw ym mhumdegau'r bedwaredd ganrif ar bymtheg, meddai hi. Drwy'r lleian hon gall Gwen gysylltu gyda'r byd ysbrydol. Mae hi'n mynd i lesmair, ac ymhen rhyw funud, mae hi'n estyn am y beiro a'r papur. Pan mae hyn yn digwydd byddaf innau'n gweld y lleian ac yn ei theimlo'n dod atom. Ond fe warchoda'r lleian Gwen yng ngwir ystyr y gair. Ni chaiff yr un ysbryd ddefnyddio ei chorff i gyfathrebu â ni oni bai ei bod hi'n fodlon iddynt wneud hynny. Nid yw hi wedi datgelu ei henw o gwbl, a phob tro y daw atom, mae'n gadael i ni wybod mai hi sydd yno drwy ysgrifennu'r gair 'Nun' ar frig y papur. Mae ei hysgrifen yr un fath bob tro ond ar brydiau mae'r ysgrifen yn wan iawn. Ar yr adegau hynny, fe wyddom ei bod hi'n anfodlon i unrhyw un gysylltu â ni – mae hi'n gwrthod gan nad yw'r egni sydd gan Gwen a minnau'n ddigon cryf i'r ysbrydion allu ei ddefnyddio. Mae'n angenrheidiol i'r ysbrydion gael ein hegni ni o'r ochr hon cyn y medrant hwy gysylltu gyda ni, a phan mae ein hegni ni yn isel oherwydd blinder, mae hi bron yn amhosib i'r ysbrydion ein defnyddio i gysylltu.

Pan ddaeth y lleian atom y tro cyntaf, roedd Gwen wedi mynd i lesmair a minnau yn estyn croeso i bwy bynnag oedd yno i ddod am sgwrs. Ymhen ychydig, dyma'i llaw yn estyn am y beiro a'r papur. Ond ni ddaeth unrhyw ysbryd arall atom ar wahân i'r lleian, a lluniau yn unig a gafwyd ganddi. Yn ogystal â rhoi ei llun ei hun i mi, rhoddodd lun arall i mi hefyd. Ond wyddwn i ddim beth i'w ddweud wrthi. Dangosodd lun o dri phlentyn – dwy ferch ac un bachgen. Cawn yr argraff mai ei phlant hi oeddynt, ond nid oeddwn am ei holi ymhellach, rhag ofn i mi ei phechu. Roedd hi'n lleian, wedi'r cwbl. Nid oedd am ddweud yn bendant wrthym mai ei phlant hi oeddynt, ac eto, roedd hi am eu dangos i ni. Tybed pam? Pan ddaeth Gwen yn ôl atom o'i llesmair – a chyn i mi ddweud unrhyw beth am y lluniau – roedd hithau wedi gweld y plant ac wedi cael yr argraff mai'r lleian oedd eu mam.

Ar ddiwrnod arall, aeth Gwen i lesmair unwaith eto a minnau yn croesawu pwy bynnag oedd am ddod atom, un ai i ddefnyddio Gwen i ysgrifennu eu neges neu drwy fy nefnyddio i i siarad. Ymhen ychydig, estynnodd Gwen am y beiro a'r papur ac ysgrifennodd y gair 'Nun' ar frig y papur, ond dim byd arall. Erbyn hyn, roeddwn innau hefyd mewn llesmair ysgafn a chawn yr un lluniau eto gan y lleian. Ond y tro hwn roedd y lluniau a'r argraff yn gryfach na'r troeon cynt, ac roeddwn bron yn bendant ei bod yn dangos ei phlant hi ei hun i mi. Eto, roeddwn yn gyndyn i ofyn ai hi oedd eu mam, a threiddiodd y teimlad annifyr o gywilydd drwof. Ond nid oedd unrhyw beth arall wedi ei ysgrifennu gan Gwen ac roeddwn eisiau gwybod. Gofynnais i'r lleian yn Saesneg, 'Are you the mother of the children that you show us?'

Newidiodd yr awyrgylch yn syth ac aeth pethau'n flêr. Fe'i gwelwn yn gwrido a hithau a'r plant yn pellhau. Ar yr un pryd, dyma wyneb Gwen yn troi'n fflamgoch. Taflodd y beiro a'r papur ar draws y stafell ac meddai'r lleian mewn llais ffyrnig drwy Gwen, 'Private!' Gwyddwn yn syth i mi fynd yn rhy bell, ond roedd hi'n rhy hwyr. Roedd y lleian wedi diflannu a'r cyfan wedi ei ddifetha.

Roedd rhaid i ni geisio cymodi gyda'r lleian a dyma drefnu sesiwn arall yng nghwmni Gwen. Aeth hi i lesmair ac ymhen ychydig teimlais innau rywun yn fy meddiannu. Cyn pen dim, dyma Gwen yn ystwyrian gan ymestyn am y beiro a'r papur. Ysgrifennodd y gair 'Nun' ar frig y papur a datblygodd llun y lleian unwaith eto yn fy meddwl, a chawn yr un teimlad o gywilydd â'r troeon blaenorol. Ond gwyddwn yn iawn pam erbyn hyn. Dysgais trwy brofiad bod rhaid trin yr eneidiau o'r tu hwnt yn barchus, yn union fel pe byddent gyda ni yn y byd hwn. Ymddiheurais iddi am fod mor fusneslyd ac am ei holi am ei bywyd personol gan addo peidio â gwneud hynny eto. Ond eglurais hefyd nad arnaf i oedd y bai i gyd. Wedi'r cwbl, hi wnaeth ddewis dangos y lluniau o'r plant i ni gan roi'r argraff mai ei phlant hi ei hun oeddynt.

Gair o rybudd

Un tro, roedd gan y lleian neges bersonol i mi. Roeddem wrthi'n cyfathrebu gyda hi drwy Gwen ac fe ysgrifennodd y gair 'Nun' ar frig y papur yn ôl ei harfer. Gofynnais iddi'n Saesneg, 'Any messages?' 'Yes,' oedd yr ateb. Holais y lleian i bwy roedd y neges a chefais syndod mai neges i mi oedd ganddi. 'What is the message?' gofynnais. 'You keep avoiding it,' meddai hithau. 'Avoiding what?' holais ymhellach. 'Give them up! You have a chest infection.' Gwyddwn yn syth ei bod hi'n flin iawn gyda mi am fy mod yn ysmygu. Roeddwn yn belio baco fy hun ar y pryd, ond roeddwn yn teimlo'n hollol iach er gwaethaf rhyw fân drafferthion gyda'r frest ar hyd y blynyddoedd. Wyddwn i ddim am beth yn union yr oedd y lleian yn fy rhybuddio, ac ni chafwyd unrhyw neges arall y noson honno.

Cawsom baned a sgwrs a chefais innau fygyn. Y diwrnod canlynol es i'n sâl iawn. Roedd gen i anhwylder ar fy mrest a bu rhaid i mi fynd i weld y meddyg a chymryd tabledi gwrthfiotig am bythefnos. Argoel fawr! Roedd y lleian yn gwybod beth oedd yn bod arnaf cyn i mi fy hun wybod! Yn fy mraw, o hynny ymlaen, gwrandewais arni, bob gair. Os oedd hi yn gwybod yn y byd ysbrydol bod unrhyw salwch arnaf, a hynny cyn i mi gael unrhyw rybudd, roedd rhaid i mi roi'r gorau i smocio, a dyna a fu.

Y gannwyll yn yr eglwys

Rai blynyddoedd yn ôl, bu Gwen a minnau mewn angladd yn Eglwys Crist y Bala ac roeddwn yn eistedd wrth ei hochr yn y rhes. Yn syth o'n blaenau, ychydig o lathenni oddi wrthym, roedd tair cannwyll dal a thrwchus wedi eu gosod mewn daliwr canhwyllau. Roeddynt oddeutu tair troedfedd o uchder, ac roedd y tair ynghyn gyda'r fflamau arnynt yn llosgi'n hollol syth a naturiol. Toc wedi i'r gwasanaeth ddechrau, teimlais bresenoldeb rhywun a thynnwyd fy sylw at y canhwyllau. Roedd fflam y gannwyll ganol wedi newid cyfeiriad yn llwyr. Roedd hi bellach wedi ei phlygu ac yn gwyro yn berffaith syth tuag at Gwen, tra bod y ddwy arall yn dal i fod yn union fel yr oeddynt cynt. Bûm yn eu gwylio am ysbaid heb ddweud dim. Yna, rhoddais bwt i Gwen gan sibrwd wrthi, "Drycha'r gannwyll ganol 'ne. Ma' 'ne rywun sy o dy gwmpas di o'r byd ysbrydol yn dangos i ti drwy'r fflam ei fod yma efo chdi rŵan.' Bu'r fflam yn ei phlyg ac yn gwyro tuag ati drwy'r gwasanaeth, ond ni sylwodd neb arall yn y rhes ar hynny.

Pan wnaethon ni gysylltu gyda'r lleian rhyw dro wedyn, gofynnais iddi'n Saesneg, 'Was it you that caused the flame of the middle candle to lean towards Gwen the other day in the church?' Ysgrifennodd hithau, 'Yes, to show her that I am always with her. Will you tell her now that it was me who was standing by the front of her car when she stopped by the accident the other day?' Nid oeddwn wedi clywed am y ddamwain hon a phan ddaeth Gwen o'r llesmair a darllen yr hyn a ysgrifennodd y lleian, dywedodd, 'Mi o'n i'n dyst i ddamwain fechan yn y stryd y diwrnod o'r blaen, a phan es i allan o'r car i edrych os oedd pawb yn iawn, oedd 'ne rywun yn sefyll wrth du blaen y car ac yn edrych arna i, ond dwi'm yn siŵr pwy oedd yne, a dim ond cip o rith weles i. O'n i'n cael iasau mawr yn mynd ar hyd yr asgwrn cefn.' Y lleian oedd yno, wrth gwrs, ac mae ei grym gwarcheidiol yn parhau i amddiffyn Gwen yn ddyddiol.

Y wraig gwynfanus

Nid y lleian oedd yr unig ysbryd i gael ei ddenu at Gwen. Gan fod y ddawn i gysylltu â'r goruwchnaturiol ganddi, roedd ysbrydion yn dod ati'n gyson. Ambell waith, câi ei phoeni gan rywun yn ei hystafell wely gan gael ei deffro yn oriau mân y bore. Gwelodd rith ar ffurf gwraig yn nrws y tro. Cododd arswyd mawr arni hyd nes ei bod yn gorwedd yn ei gwely'n methu symud, wedi'i pharlysu gan ofn. Dro arall, roedd rhywun yno'n dyrnu ar ddrws blaen y tŷ yng nghanol nos fel pe bai'r person yn ymbil am ddod i'r tŷ, a llefain gwraig mewn cystudd drwy'r lle. Ar noson arall, byddai'r sŵn curo yn symud at ddrws y cefn gyda'r un llefain arswydus yn isel drwy'r tŷ.

Bu rhaid i mi fynd i gartref Gwen i'w helpu i dawelu ysbryd y wraig gwynfanus. Daeth yr ysbryd atom yn syth wrth i mi fynd i lesmair a datgelodd ei bod hi wedi gadael y fuchedd hon oherwydd cancr. Ni chafwyd enw arni ond dywedodd ei bod yn byw yn Llundain ac yn fam i ddau blentyn. Cawsom yr argraff ei bod hi wedi ein gadael yn weddol ifanc, yn rhy ifanc, ac mae'n debyg mai'r un ysbryd a welodd Gwen yn sefyll yn nrws ei llofft. Ar ôl cael dweud ei chŵyn fe ddiflannodd a chododd yr awyrgylch trwm a digalon a oedd yn y tŷ ac ni chafodd y teulu drafferth gyda hi wedyn.

Arbrawf yn nhŷ Gwen

Aeth tri ohonom – tri seicig – draw ar wahoddiad i dŷ Gwen i gynnal noson. Erbyn hyn, roedd Gwen wedi meithrin ei dawn yn dda iawn ac felly byddai pedwar seicig yno gyda'i gilydd, a'r egni o'r herwydd yn llawer iawn cryfach. Roedd hi'n agosáu at y Nadolig, ac roedd y tŷ wedi ei addurno gyda chlychau mawr yn hongian o'r nenfwd yn y stafell fyw – pump ohonynt mewn gwahanol liwiau.

Cefais syniad i arbrofi gyda chryfder yr egni oedd yn y stafell a gofynnais i'r gweddill, 'Be am drio rhywbeth arall am newid? Be am i ni i gyd ganolbwyntio ar y gloch felen a gofyn i ysbrydion gwarcheidiol y pedwar ohonom ein helpu i gael y clychau i gyd i droi i'r chwith, gan ddechre efo'r un felen?' Cytunodd pawb a gofynnais i'n harweinwyr ysbrydol – y lleian yn eu plith – ein helpu i droi'r clychau i gyd i'r chwith.

Cyfeiriwyd egni'r pedwar ohonom gyda'n gilydd tuag at y gloch felen heb yngan yr un gair. Canolbwyntiodd pawb ar y gloch hon. Gwyddwn o'r gorau bod yr egni gennym yn gryf iawn y noson honno. Roeddwn yn gwefru trwof, a theimlwn yr ysbrydion yn gryf yn mynd yn ôl ac ymlaen yn fy nghorff. Ar ôl canolbwyntio ar y gloch am hanner munud, daeth rhyw gryndod ar hyd y cortyn a oedd yn ei dal a dechreuodd siglo yn ôl ac ymlaen yn araf. Wedyn, dechreuodd droi yn araf iawn i'r chwith mewn cylchoedd bach, yna, aeth i droi yn gynt ac mewn cylchoedd mawr a hynny'n gyflym iawn. Penderfynwyd wedyn i ganolbwyntio ar y gloch goch, a digwyddodd yr un peth yn union gyda hon hefyd, a chyn pen dim, roedd y pump o'r clychau'n troi i'r chwith ac mewn cylchoedd mawr.

Roedd yr egni yn gwefrio'n drydanol yno a digwyddodd rhywbeth na welodd yr un ohonom ei debyg o'r blaen. Daeth clec anferthol drwy'r lle a phelen fawr, fawr o dân glas yn ei dilyn gan wibio drwy'r stafell. Ffrwydrodd y belen yn ddarnau mân o fflamau, gyda'r rheini'n disgyn ym mhob man – ar y dodrefn, ar y llawr ac arnom ninnau. Ond nid oedd y darnau tân hyn yn ein llosgi ni na dim byd arall. Diffoddodd y cyfan gyda'i gilydd heb wneud unrhyw ddifrod. Sylweddolwyd bod yr egni mawr a gynhyrchwyd gan y pedwar ohonom ar y cyd ynghyd ag egni ein hysbrydion gwarcheidiol wedi llwyddo i droi'r clychau fel y gofynnwyd, ac wedi creu'r glec uchel a'r belen dân las hefyd.

4

Y TAID

Yr ysbryd trafferthus

Mae ambell i ysbryd yn hynod o ystyfnig ac yn gwrthod rhoi'r gorau i aflonyddu, ac un felly oedd un o'r ysbrydion yng nghartref Gwen. Daeth galwad ganddi fod pethau rhyfedd yn digwydd yno – arogl drwg ambell i ddiwrnod, dro arall âi'r stafell yn oer iawn er bod yno wres – oll yn ddigwyddiadau a oedd yn codi ofn mawr ar y teulu. Ambell waith, meddyliai ei bod yn gweld cysgod gyda chornel ei llygad a châi'r teimlad bod rhywun yno gyda hi ac yn ei gwylio yn y tŷ.

Penderfynodd Gwen fynd i lesmair a gwahoddais innau bwy bynnag oedd yn ymyrryd yno i ddod atom am sgwrs. Ymhen rhyw hanner munud dyma llaw Gwen yn ymestyn am y beiro a'r papur ac ysgrifennodd y gair 'Nun' cyn mynd ymlaen i ysgrifennu, 'There is a man here who wants to come through and he will connect with you in the near future.' Er holi'r lleian pwy oedd y gŵr hwn ni chawsom wybod, a bu'n rhaid i ni fodloni i aros hyd nes y byddai o yn barod i gysylltu gyda ni rhywbryd eto. Nid y ni ar yr ochr hon sy'n rheoli'r byd ysbrydol, wrth gwrs.

Ychydig ddyddiau wedyn, roedd Gwen wedi rhoi dillad i sychu ar y lein ddillad. Ei harfer yw hongian y dillad i gyd yn y drefn y mae'n eu gwisgo. Ar ôl rhai oriau, aeth at y dillad i'w casglu, ond er syndod iddi, roedd pob dilledyn wedi cael eu tynnu tu chwith allan. Dyma hi'n fy ffonio'n bryderus gan ddweud beth oedd wedi digwydd. Es innau yno'n syth a gweld y dillad felly. Gofynnais, 'Wyt ti'n siŵr dy fod ti 'di eu rhoi ar y lein yn dy ffordd arferol?' 'Do, dwi'n berffaith siŵr, felly dwi'n rhoi nhw bob tro,' atebodd hithau. Teimlais innau bresenoldeb dyn yno ar y pryd, ond ni ddywedais hynny wrthi. Roeddwn am aros i gael gweld beth fyddai'n digwydd y tro nesaf y byddai dillad yn cael eu gosod ar y lein, rhag ofn.

Rhyw wythnos yn ddiweddarach ffoniodd Gwen eto i ddweud bod rhywbeth arall wedi digwydd i'r dillad wrth iddi eu rhoi allan i sychu ar y lein. Meddai'n bryderus, 'Dwi 'di bod yn nôl y dillad o'r lein rŵan, a dwi'n eu rhoi nhw yn y fasged, a maen nhw i gyd yn y ffordd dwi'n arfer eu rhoi nhw. Ond mae 'ne rywun yn eu troi nhw'r tu chwith allan fel dwi'n eu rhoi nhw yn y fasged! Ddoi di yma 'ŵan?' Roedd yn amlwg ei bod wedi dychryn ac mi es draw yn syth a gweld y dillad fel y disgrifiodd hi nhw. Cawn bresenoldeb yr un dyn â'r tro o'r blaen a dyma benderfynu y byddai'n syniad i mi gysylltu gydag o, felly es i lesmair ysgafn yn unig er mwyn gweld beth oedd yn digwydd yn y ddau fyd.

Ond fe'm meddiannwyd gan yr ysbryd. Yn wir, roeddwn

i a Gwen wedi cael mwy o drafferth gyda'r un ysbryd hwn nag a gawsom gydag unrhyw ysbryd arall ar hyd y blynyddoedd. Roedd ei ystyfnigrwydd a'i aflonyddwch chwareus wedi hen syrffedu'r teulu. Nid oedd yn beryglus o gwbl, ond roedd o'n ddigon milain ar brydiau ac yn gwrthod gadael y tŷ. Nid oedd yn gas chwaith, ond roedd yr ymyrryd wedi mynd yn rhy bell a hynny'n digwydd yn amlach fyth. Fe achosodd i bethau ddigwydd yn y tŷ ac mewn lleoedd eraill am amser maith cyn y cawsom o i fodloni i groesi'n ôl. Hwn oedd yr ysbryd y dywedodd y lleian ei fod eisiau cysylltu gyda ni ychydig ynghynt, wrth gwrs. Ni fedrwn ei weld yn glir ond cawn yr argraff fy mod yn ei adnabod a'i fod wedi bod yn gweithio ar y rheilffordd yn ardal y Bala. Ond nid oeddwn yn ddigon siŵr ar y pryd.

Ni chafwyd fawr o drafodaeth gydag o y diwrnod hwnnw. Gwelai Gwen ei fod wedi fy meddiannu. Gwelai ei ffurf yn glir arnaf, ond ffurf yn unig a welai. Câi hithau'r un lluniau â minnau ganddo ond ni wyddai pwy ydoedd. Ond, eto, meddyliai ei fod yn gyfarwydd ac y dylai ei adnabod. 'Be 'di dy enw di?' gofynnodd Gwen. Nid atebodd. 'Be wyt ti'n neud yma, a be tisio?' Ni chafwyd ateb i hyn chwaith. 'Ai ti sy'n troi'r dillad tu chwith ar y lein a 'di troi nhw eto'n y fasged 'ma heddiw?' Cafodd hyn effaith, ac meddai gyda gwên ysgafn yn lledu ar draws fy wyneb, 'Ie.'

Ceisiodd Gwen fynd at wraidd y broblem a gofynnodd, 'Pam ti'n neud hyn?' 'I ddangos iti 'mod i yma,' oedd yr ateb. 'Be tisio yma?' holodd eto. 'Dod am dro,' meddai yntau. 'Ie, ond pam?' Ac ar hynny a heb ateb, fe ddiflannodd. Holais innau Gwen yn syth a oedd hi'n adnabod y dyn. Roedd hi'n reit ansicr gan nad oedd hi'n ei weld o'n glir iawn, ond roedd ganddi deimlad cryf y dylai hi wybod pwy oedd o.

Dyma geisio cysylltu eto ar noson arall a chyfathrebu drwy'r lleian y tro hwn. Ysgrifennodd y lleian y geiriau, 'There is someone who wants to connect with you.' A chyn iddi ysgrifennu mwy, teimlwn fod rhywun yn cysylltu. Nid y lleian oedd yno erbyn hyn ond yr un ysbryd â'r noson o'r blaen. Yna, sylwais fod llawysgrifen Gwen yn newid. Yn wir, nid geiriau oedd ar y papur bellach. Dechreuodd yr ysbryd dynnu llun, llun o diriogaeth – bryn bychan yn y cefndir gyda choed a chaeau a gwrychoedd oddi tano. Llun digon amrwd a dweud y lleiaf, ac roedd hi'n amhosib adnabod lleoliad y diriogaeth ynddo, a gan fod Gwen mewn llesmair o hyd a'i llygaid ar gau, nid oedd hithau'n gallu helpu. Dyma ofyn, 'Wyt ti am ddeud wrthon ni pwy wyt ti a be 'di d'enw di?' Ni chymerodd sylw o gwbl a daliodd ati gyda'r llun cyn rhoi'r gorau iddi'n hollol ddisymwth a diflannu heb yngan gair. Dychwelodd y lleian yn ôl at Gwen a gofynnais iddi pwy oedd y gŵr. Ond parhaodd y dirgelwch pan atebodd, 'You will find out later.'

Ymhen ychydig ddyddiau daeth Gwen ar y ffôn yn gynhyrfus, gyda brwdfrydedd yn lliwio'i llais. Sylweddolodd bod y llun a dynnodd yr ysbryd yn debyg iawn i lun oedd gan ei mam ar y wal yn ei chartref. Roedd hi bron yn bendant mai'r un llun oedd y ddau wrth iddi eu cymharu, a'i thaid wnaeth beintio'r llun ar y wal. Tybed ai ei thaid oedd yr ysbryd trafferthus?

Doedd dim amdani ond mynd i dŷ Gwen. Bu'n cael trafferthion eto, a rhyw arogl dieithr yn treiddio trwy'r tŷ y tro hwn. Nid oedd y teulu wedi clywed y fath arogl o'r blaen a gwyddent yn iawn mai rhywun o'r ochr draw oedd eisiau cysylltu. Tra oeddem yn cael paned a sgwrs o gwmpas y bwrdd bwyd, teimlwn fod rhywun yno'n ceisio fy meddiannu. Câi Gwen yr un peth hefyd. Es i lesmair ysgafn a gwelwn lawer iawn o ffurfiau diwyneb yn rhyw hanner ddatblygu, fel sydd yn digwydd yn aml pan wyf yn mynd i lesmair. Ymhen ychydig, gwelwn fod un rhith fel pe bai'n torri oddi wrth y lleill ac yn fy meddiannu, hyd nes i'r llun gryfhau a datblygu a'r ysbryd i'w weld yn glir. 'Mae 'ne rywun arnat ti rŵan. Dyn ydi o, ond dwi'm yn ei weld o'n iawn ar hyn o bryd. Dwi'm yn gweld ei wyneb o, a mae'r hogle rhyfedd 'ne'n ôl yma eto,' meddai Gwen. 'Rho 'chydig o amser iddo fo ddatblygu,' meddwn innau wrthi gan glywed yr aroglau'n gryf hefyd. Gofynnodd Gwen i'r ysbryd, 'Taid, ti sy 'ne?'

Mae'n cymryd ychydig o amser i'r cwestiynau dreiddio i'r ochr draw ac ni cheir ateb yn syth bob tro. Ymhen amser, daeth yr ateb, 'Ie, ti'm yn fy nabod i?' 'O'n i'n meddwl mai ti o'dd 'ne ar ôl gweld y llun yn nhŷ Mam,' meddai Gwen, gan holi, 'Be tisio 'ma?' 'Dod am dro, yn de,' meddai yntau. Ceisiodd Gwen gael ateb mwy pendant: 'Oes 'ne 'wbeth tisio'i ddeud wrtha i?' 'Na, dim byd, 'mond galw am dro,' oedd yr ateb. 'Wyt ti yma o hyd?' holodd eto. 'Na, 'mond weithie.'

Am ychydig wedyn bûm yn ei holi am amryfal bethau hyd nes roedd hi'n amlwg nad oedd am sgwrsio mwy. Ar hynny, a chyn cael rhagor ganddo, fe gododd a diflannu. Roedd un peth heb ei ddatrys. 'Be 'di'r hogle rhyfedd 'ne sydd efo fo?' gofynnodd Gwen, gan ddweud, 'Dwi'm 'di'i glywed o 'rioed o'r blaen tan yn ddiweddar.' Daeth yr arogl arbennig hwn â llu o atgofion yn ôl i mi ers pan oeddwn yn blentyn yn teithio ar y trên o'r Fron-goch i'r ysgol yn y Bala. Nid oeddwn wedi ei arogli ers degawdau; ers pan gaewyd y rheilffordd yn ardal y Bala ar ddechrau'r 1960au. Roeddwn wedi anghofio amdano'n llwyr. 'Cotton waste. Hogle *cotton waste* ydi o,' atebais. Rhoddwyd *cotton waste* i weithwyr y lein – yn yrwyr trenau a'r rhai oedd yn gweithio ar yr injan yn bennaf – i lanhau eu dwylo. Gwastraff o'r ffatrïoedd gwneud dillad yn Lloegr oedd y cotwm, a byddai'r rheilffordd yn prynu pelenni mawr trymion ohono gan y ffatrïoedd hyn. Gweithiai fy nhad, fy nhaid a'm hewythr ar y rheilffordd ac mae'r arogl arbennig oedd yn perthyn i weithwyr y rheilffordd wedi aros yn y cof.

Helynt y bananas

Ni ddywedwyd yr un gair am helyntion ysbryd y taid yn nhŷ Gwen wrth ei wraig, nain Gwen, rhag codi hiraeth arni a'i dychryn. Ond un diwrnod fe achosodd gryn helynt yn nhŷ nain Gwen gyda'i driciau. Roedd Wil, tad Gwen, wedi mynd â'i fam i siopa bwyd yn ei gar. Cyrhaeddodd y ddau adref yn llwythog gan fynd â'r bagiau draw i'r gegin i gadw'r neges. Roedd un o'r bagiau ar y bwrdd gyda chlwm o fananas ynddo a thynnodd nain Gwen y bananas allan o'r bag gan dorri un ohonynt yn rhydd i'w bwyta. Gadawodd weddill y bananas ar fwrdd y gegin. Toc, ar ôl gwagio'r bagiau a chadw'r nwyddau yn y cypyrddau, aeth y nain i nôl y gweddill o'r bananas oddi ar y bwrdd lle'r roedd wedi eu gadael. Er mawr syndod iddi nid oedd yr un fanana yno! Gwaeddodd ar Wil a honnodd yntau nad oedd wedi eu gweld o gwbl. Chwiliodd y ddau am hydoedd – yn y bagiau siopa, yn y cypyrddau, o dan y bwrdd a hyd yn oed yn y car, rhag ofn eu bod wedi eu gadael yn hwnnw. Ond roedd y ddau'n gwybod yn iawn i'r nain eu gadael ar y bwrdd ac roedd hithau'n bendant ei bod wedi dod â nhw i'r tŷ. Onid oedd wedi bwyta un a gadael y gweddill ar y bwrdd? Ond ni ddaethant i'r golwg ac ni welwyd mohonynt byth wedyn. Ac nid oedd sôn am groen yr un oedd wedi ei bwyta chwaith. Lle'r aethon nhw?

Ymhen rhyw wythnos, trefnwyd cyfarfod arall gyda'r ysbryd trafferthus – ysbryd y taid. Wrth iddo fy meddiannu gofynnodd Gwen iddo, 'Wyt ti 'di cuddio'r bananas yn nhŷ Nain? Ma' hi 'di chwilio ym mhob man amdanyn nhw ac yn methu'u gweld nhw'n unlle!' Nid atebodd ar unwaith, ond cawn yr argraff fod ganddo rywbeth i'w wneud â'u diflaniad. Ymhen dim, croesodd gwên lydan ar draws fy wyneb ac aeth yr ysbryd braidd yn swil fel pe bai'n teimlo cywilydd. Meddai'n llechwraidd, 'Dwi 'di'u cuddio nhw a welith neb mo'nyn nhw byth eto.' 'Yn lle roist ti nhw?' gofynnodd Gwen. 'O dan y llanast yn y bin,' atebodd yntau. Bu'r lorri sbwriel yn gwagio'r biniau ddyddiau cyn i ni drefnu'r cyfarfod i'w holi, felly, nid oedd posib i ni ddod o hyd iddynt. Yn wir, ni welwyd y bananas byth wedyn!

Pwerau goruwchnaturiol

Dechreuodd y taid ymyrryd yn nhai perthnasau'r teulu – a hynny gryn bellter i ffwrdd. Roedd perthnasau i ŵr Gwen yn cadw siop sglodion mewn tref heb fod yn agos o gwbl at dŷ Gwen. Un diwrnod, roedd gwraig y siop yn sgubo llawr y tŷ. Roedd y cownter y tu ôl i ddrws y siop ac yn nhu blaen y tŷ, gyda'r drws yn agor i'r stryd. Yn sydyn ac o unman daeth llond dwrn o bys meddal o rywle a tharo'r wraig yn ei hwyneb. Nid oedd wedi ei brifo ond roedd hi wedi cael braw ofnadwy. Pwy ar wyneb y ddaear wnaeth daflu'r pys tuag ati? Gan fod y wraig a'i theulu'n gwybod am helyntion y taid oedd yn ymyrryd yn nhŷ Gwen, fe ffoniodd Gwen i ddweud yr hanes brawychus wrthi. Meddyliodd y ddwy fod posibilrwydd cryf mai ysbryd y taid oedd yn gyfrifol. Ond roedd dros hanner can milltir a mwy rhwng y ddau leoliad.

Dyma geisio mynd o dan groen y dirgelwch a cheisio gweld a fyddai'r pŵer anhygoel gan ysbryd y taid i ymyrryd mewn lleoliad cryn bellter i ffwrdd oddi wrth dŷ Gwen, a dyma drefnu sesiwn i'w holi. Tra oeddem yn cael paned yn y gegin, sylwais fod rhai o'r llestri oedd yn hongian ar wal y gegin yn dechrau symud. Roedd yno chwe chwpan a dechreuodd yr un agosaf atom symud yn ôl ac ymlaen yn araf. Tynnais sylw'r lleill at hyn. Yna, dyma'r un agosaf ati yn dechrau siglo. Wedyn dyma'r drydedd yn dechrau ac yna'r tair arall hefyd hyd nes bod y chwech ohonynt y siglo gyda'i gilydd mewn undod perffaith. Roedd y math hwn o ddigwyddiad yn hollol newydd i ni. Edrychem yn wirion arnynt ac ar ein gilydd. Roedd yna bresenoldeb cryf yn y stafell pan oedd hyn yn digwydd ac nid oedd yr un ohonom wedi gweld y fath beth o'r blaen.

Roedd hyn yn arwydd pendant fod rhywun eisiau dod atom. Meddyliem yn sicr mai'r taid oedd wrthi a gofynnais iddo – heb fynd i lesmair y tro hwn – gan siarad yn dawel gan ein bod yn gwybod ei fod yno gyda ni, 'Os mai ti sy'n gwneud i'r cwpane 'ma siglo ar y bache, wnei di brofi hynny i ni drwy symud y gyllell fwyd 'ma'n hollol groes i'r ffordd dwi 'di'i gosod hi ar y bwrdd?' Fe'i rhoddais ar y bwrdd yn wynebu ar ei hyd oddi wrthym. Aeth Gwen i wneud paned arall a bu'r tri ohonom yn sgwrsio gan gadw llygad cigfran ar y gyllell. Buom yno am oddeutu chwarter awr yn ei gwylio ac yn disgwyl ei gweld yn symud. Ond ddigwyddodd ddim byd.

Meddyliem na fyddai'n ei symud o gwbl ac aethom i'r stafell deledu. Buom yn y fan honno am dipyn go lew yn sgwrsio am yr hyn a'r llall. Yna, aethom yn ôl i'r gegin i weld beth oedd hanes y gyllell.

Ac yn wir, roedd y gyllell wedi cael ei symud a'i gosod ar ei thraws ar y bwrdd yn daclus, yn hollol groes i'r ffordd y gosodais i hi. Gwyddem erbyn hyn fod yna alluoedd mawr gan ddeiliaid y byd nesaf cyn belled â bod yr amgylchiadau yn caniatáu iddynt eu defnyddio.

Yr esgidiau coll

Dirgelwch mawr arall oedd diflaniad pâr o esgidiau brawd Gwen, a hynny o'i gartref o ei hun. Roedd wedi cadw'r esgidiau wrth y drws ar ôl dod adre o'i waith. Y bore wedyn, aeth i'w rhoi am ei draed ond nid oedd sôn amdanynt yn unman. Roedd o'n gwybod yn iawn ei fod wedi eu cadw yn y lle arferol ond er chwilio ym mhob man yn y tŷ yn drylwyr, ni ddaethant i'r golwg ac aeth i amau ei hun a wnaeth o eu cadw yn yr un lle ag arfer. Nid oedd golwg o unrhyw ladrad yn ystod y nos gan fod pob dim yn iawn a chyfan yno. Ni ddaethant i'r golwg o gwbl ac nid oedd unrhyw esboniad am eu diflaniad. Adroddodd yr hanes wrth Gwen a'u rhieni. Ond parhâi'r dirgelwch, ac ymhen amser anghofiodd pawb amdanynt.

Fel yr âi'r amser rhagddo ac ysbryd y taid yn mynd yn fwy o niwsans, dyma benderfynu bod rhaid i ni fynd i'r afael â'r broblem o ddifri a cheisio ei gael i groesi'n ôl i'r ochr draw. Fe'm meddiannwyd eto un noson a dywedodd Gwen wrtho, 'Ti 'di bod yma'n ddigon hir rŵan a 'den ni'n falch dy fod ti 'di dod draw aton ni am sgyrsiau. Ond mae'n rhaid i ti fynd yn ôl i dy fyd di bellach a gadael llonydd i ni.' Atebodd, 'Dwi'm isio mynd o 'ma!' Fe'i teimlwn yn mileinio ychydig ac meddai'n bendant eto, 'Dwi ddim yn mynd o 'ma.' Roedd ei ystyfnigrwydd wedi caledu ei lais, ac ar hynny diflannodd.

Ceisiwyd ei gael i adael sawl gwaith drwy ofyn iddo, ond nid oedd yn bosib ei berswadio ac aeth yn fwy styfnig o lawer. Gwyddem ei fod yn rhaid i ni ei drin yn ofalus ac roedd hynny'n gwneud pethau'n anos. Ond roedd un dull nad oeddem wedi ei drio eto, sef cysylltu â pherthynas i'r ysbryd o'r byd ysbrydol a chael hwnnw i hebrwng yr ysbryd yn ôl i'w byd nhw. Cefais lwyddiant mewn mannau eraill gyda hyn wrth ymdrin ag eneidiau sydd wedi methu neu yn gwrthod croesi i'r ochr draw ac angen mymryn o help i'w harwain at Oleuni Mawr Cristnogaeth yn y dwyrain. Tybed a fyddai'n gweithio gyda'r taid?

Dyma roi cynnig arni a chyfathrebu'n ysgrifenedig drwy Gwen eto. Gofynnwyd am dad yr ysbryd i ddod atom i weld a fyddai'n gallu tywys ei fab gydag o yn ôl i'r ochr draw. Ond pan ddywedwyd hyn wrth y taid, sylweddolwyd ei fod yn gamgymeriad mawr. Aeth ysbryd y taid yn wyllt gacwn a thaflodd y beiro a'r papur sgwennu ar lawr cyn cilio'n sydyn. Cadarnhaodd Gwen ei fod wedi mynd a'i fod yn flin iawn gyda'r ddau ohonom.

Gwyddem ein bod wedi ei dramgwyddo, ond nid oedd gennym syniad pam. Aeth Gwen i holi ei thad, Wil, am berthynas ei thaid â'i hen daid. Gwyddai Wil ei fod yn dod atom o'r dechrau a dywedwyd yr hanes diweddaraf wrtho a'n bod yn ceisio cysylltu gyda thad yr ysbryd i'w gymell yn ei ôl i'r byd ysbrydol. Ond meddai Wil ar ei ben, 'Dech chi 'di neud camgymeriad mawr. Roedd o 'di ffraeo'n ofnadwy efo'i dad a doedden nhw'm 'di siarad am flynyddoedd.' Wyddem ni mo hynny, wrth gwrs, ond beth am ei fam? Nid oeddwn i na Gwen wedi ei hadnabod hi na'i dad erioed ac, yn ôl Wil, roedd gan y taid feddwl y byd o'i fam. Felly, ar ôl cael ei henw gan Wil, dyma geisio eto.

Y cynllun oedd bod y ddau ohonom – Gwen a minnau – yn mynd i lesmair ysgafn gyda'n gilydd gan wahodd y taid a'i fam atom ar yr un pryd. Roeddem wedi dweud wrth ein prif ysbrydion gwarcheidiol beth oedd ein cynllun gan ofyn iddynt am eu cymorth nhw hefyd. Gwahoddais y taid i'm meddiannu a gwahoddwyd ei fam i feddiannu Gwen, gan egluro wrth y fam bod angen iddi fynd â'i mab gyda hi i'r goleuni oedd yng nghornel ddwyreiniol y stafell. Fe'i teimlwn, a gallwn ei weld yn iawn. Roedd golwg enaid hoff cytûn arno, gwedd na welais ganddo o gwbl cyn hyn. Gwyddai yn iawn fod ei fam yno gyda ni. Roedd ei fam wedi meddiannu Gwen a dywedais wrthi, 'Croeso i ti yma aton ni. Ti 'di dod yma i nôl dy fab, yn do?' Yna, siaradais gyda'r taid, gan egluro, 'Mae dy fam di yma ac mae hi ar Gwen. 'Nei di fynd efo hi i'r gole mawr llachar 'ne sydd yn y nenfwd, yn y gornel ddwyreiniol acw? Mi gei di fod efo dy fam o hyd wedyn.'

Ni ddywedodd air ond teimlodd Gwen a minnau'r ddau enaid yn codi oddi arnom ac yn ein gadael. Byth ers hynny, ni chafwyd presenoldeb y taid yng nghartrefi teulu Gwen. Roedd o wedi croesi yn ôl i'r byd ysbrydol gyda'i fam.

Ymhen rhyw dri mis wedi i'r taid adael, aeth mam Gwen i nôl rhywbeth o dan ei gwely yn ei stafell. Er mawr syndod iddi, yno o dan y gwely roedd pâr o esgidiau – esgidiau nad oeddynt i fod yno, ac roeddynt yn esgidiau dieithr iddi hi. Esgidiau coll ei mab.

5

Y FFERMDY

Dafydd y Wagner

Fferm deuluol ddigon anghysbell yn ardal y Bala yw Glas y Cwm ac roedd y teulu wedi bod yn adnewyddu'r ffermdy, gan ddechrau gyda'r brif stafell wely. Ymhen ychydig o wythnosau ar ôl i'r gwaith adnewyddu gychwyn yno, dechreuodd pethau rhyfedd ac annifyr iawn ddigwydd drwy'r tŷ. Byddai'r lle'n mynd yn annaturiol o oer ar brydiau, ac wedyn yn newid i fod yn hynod o boeth. Ni wyddai neb o'r teulu beth oedd y rheswm am hyn ond roedd rhyw deimlad anghyfforddus iawn yno, a dechreuodd rhyw ias arallfydol dreiddio drwy'r lle.

Yna, un noson, aeth pethau o ddrwg i waeth. Ni fedrai'r rhieni gysgu yn eu llofft – y stafell gyntaf iddynt ei hadnewyddu. Roedd rhywun yno'n taro'r gŵr yn ei gefn drwy gydol y nos ac âi'r stafell yn hynod o oer heb unrhyw reswm yn y byd. Digwyddodd hyn yn fwy cyson hyd nes iddynt sylweddoli bod rhywbeth na fedrent ei ddirnad ar waith yno. Nid oedd syniad gan y teulu sut i ddygymod gyda'r hyn oedd yn mynd ymlaen yno, a dyma fy ngalw draw. Rhoddais wahoddiad i ddau seicig arall ddod gyda mi – Siwan a Heledd. Roedd ganddynt ddiddordeb mawr yn y goruwchnaturiol ac ar ôl cael rhai profiadau eu hunain, roedd y ddwy'n ysu i wybod mwy am sut i feithrin a datblygu'r ddawn o gyfathrebu ag ysbrydion.

Aeth y tri ohonom i Las y Cwm ac eisteddom o amgylch bwrdd y gegin gyda'r teulu yn mwynhau paned a sgwrs – gan siarad am bopeth ond am ysbrydion. Roeddwn eisoes yn teimlo'r iasau'n treiddio ar hyd fy asgwrn cefn, ond ni ddaeth unrhyw luniau i mi eto, felly ni ddywedais ddim.

Ymhen ychydig, gofynnodd y teulu i ni fynd i'r brif stafell wely gan egluro mai yno y caent y drafferth fwyaf. Wrth i'r tri ohonom fentro tuag at ddrws y stafell, digwyddodd rhywbeth rhyfedd iawn i ni ar ben y grisiau. Aethom yn feddw gaib a bu'n rhaid i ni bwyso ar y pared i sadio ein hunain. Es i deimlo'n sâl. Roedd yr ysbryd yn pwyso'n drwm arnom ac wedi trosglwyddo ei salwch ei hun i ni.

Ar ôl dod atom ein hunain a chymryd hoe fach, aethom i'r llofft. Roedd rhyw ias fileinig iawn yn llenwi'r lle. Caem yr argraff nad yr un person oedd hwn â'r un oedd yn ein gwneud yn sâl ar y landin, ond rhyw enaid arall. Gofynnais i Siwan a Heledd fy ngwylio'n ofalus ac iddynt ddweud os gwelent rywun arnaf neu o'm cwmpas, neu unrhyw argraffiadau o lun neu enw. Yn sydyn, fe'm meddiannwyd gan ŵr oddeutu canol oed. Daeth yr enw 'Dafydd' arno ac roedd yn greadur anghynnes iawn. Roeddwn mewn llesmair deufyd, hynny yw, mewn llesmair fel fy mod yn gallu gweld y byd hwn a'r byd ysbrydol lle'r oedd Dafydd. Gofynnodd Siwan iddo, 'Be ti'n neud yma, be tisio a pham bod ti'n dychryn y teulu 'ma?' Atebodd yn filain drwof fi, 'Be 'di o o dy fusnes di? Be dech chi'n neud yma? Fy llofft i 'di hon, does gan neb arall hawl i fod yma. Cerwch o 'ma!'

Roedd hwn yn ysbryd cas iawn ond go brin ei fod yn un peryglus. Mi wyddwn mai'r rheswm ei fod wedi ymddangos ac ymyrryd ym mywydau'r teulu oedd oherwydd iddynt newid amgylchfyd y stafell arbennig hon – ei hen stafell o pan oedd o'n byw yn y tŷ. Ond er i Siwan ei holi ymhellach am ei amgylchiadau daeth yn amlwg nad oedd eisiau trafod rhagor. Yn hytrach, dangosodd lun gwedd o geffylau trwm i mi, a'r enw 'gre' o geffylau a roddai arnynt. Roedd hi'n amlwg fod ganddo feddwl mawr iawn ohonynt. Cawn yr argraff ein bod rhywle rhwng 1900 ac 1930. Dyna'r cyfan a gafwyd ar y noson gyntaf.

Gwyddwn o brofiad gydag ysbryd o'r fath y byddai'n rhaid ymweld â'r lle lawer o weithiau oherwydd natur filain yr ysbryd oedd yno. Y tro nesaf, cefais luniau dau o blant, sef mab a merch, a chawn yr argraff mai ei blant o ei hun oeddynt. Yna, cawn lun gwraig a daeth yr enw 'Nel' arni a dyna'r oll a gafwyd. Aethom i'r llofftydd eraill hefyd a chael presenoldeb amryw o ysbrydion eraill ynddynt. Ond ni chysylltodd yr un enaid arall â ni y tro hwn, dim ond gadael i ni wybod eu bod hwythau hefyd yn rhithio yng Nglas y Cwm, a gwyddwn y byddai angen trafod y rhain hefyd maes o law.

Cafwyd sawl tro arall yn trafod yr ysbryd a alwai ei hun yn 'Dafydd' ac roedd o'n dal i fod yn filain. Ofer fu unrhyw ymgais i'w gael i groesi'n ôl dros y ffin, os bu iddo ei chroesi o gwbl. Perai gryn drafferth i'r teulu o hyd. Ambell noson, oddeutu un i ddau o'r gloch y bore, byddai rhywun yno'n dyrnu ar ddrws caeedig y llofft; ergydion caled a thrwm fel pe bai'n ysu am fynd i mewn iddi, neu, efallai, am ddangos ei anfodlonrwydd eu bod nhw yn ei stafell o. Câi'r teulu eu haflonyddu ar fuarth y fferm hefyd. Yn aml iawn wrth fynd heibio'r adeilad a arferai fod yn stabl, roedd yno bresenoldeb a rhyw ias annifyr i'w ganlyn er na welwyd unrhyw ysbryd yno o gwbl.

Yn ystod un sesiwn yn trafod yr ysbryd hwn, cawn luniau manwl iawn ganddo. Dangosai ragor o luniau ceffylau imi, a datblygodd llun stryd fawr lydan gyda rhes hir o geffylau gwedd yn tynnu wageni arni. Edrychai'n gyfarwydd iawn i mi a chawn yr argraff mai stryd fawr y Bala a welwn. Gwelwn dorf o bobl yn llenwi'r stryd, gydag oedolion a phlant yn eu dillad gorau yn dilyn y wageni a band pres yn gorymdeithio ar y blaen. Dyma sylweddoli mai rhyw achlysur penodol oedd yn y llun, sef Sasiwn Plant capeli'r dalgylch. Rhoddai luniau manwl iawn i mi o'r wageni a'r ceffylau a rhoddai'r argraff fod ganddo feddwl mawr iawn ohonynt, yn enwedig y ceffylau. Roedd tri cheffyl gwedd smart yn tynnu ambell i wagen ac roeddynt i gyd wedi eu haddurno yn hynod o gain. Roedd y ceffylau wedi eu gwisgo gyda serennod pres, llawer iawn ohonynt, a'r rheini'n disgleirio a'r tresi hwythau wedi eu glanhau

Gorymdaith Sasiwn Plant capeli ardal y Bala

a'r lledrau wedi eu duo gan olew pwrpasol nes eu bod yn pefrio. Roedd rhubanau lliwgar ar y ceffylau a rhawn eu cynffonnau a'u myngau wedi cael eu plethu'n ofalus a thaclus. Heb amheuaeth, bu dwylo crefftus hamddenol am oriau lawer yn paratoi'r ceffylau at yr achlysur. Wrth i'r lluniau ddod yn gliriach, gwelwn fod y wageni gydag enwau'r ardaloedd a oedd yn cael eu cynrychioli yn y sasiwn arnynt, wageni Cefnddwysarn, Cwmtirmynach, Llwyn Einion, Llanuwchllyn, Rhosygwaliau, Llidiardau a Llanfor ac eraill.

Wedi hyn, fe wellhaodd pethau rhywfaint yng Nglas y Cwm a thybiais nad oedd yr ysbryd, Dafydd y Wagner, mor filain o'r hanner erbyn hyn. Roedd wedi cael dweud peth o'i hanes wrthym, a dangos ei falchder o'r ceffylau y bu'n eu paratoi'n drylwyr ar gyfer yr orymdaith ar stryd fawr y Bala. Fodd bynnag, nid oedd am adael y ffermdy o gwbl. Roedd ei bresenoldeb i'w deimlo yno o hyd.

Lliniarodd pethau'n syfrdanol un tro pan oeddem ni yno, a diflannodd yr awyrgylch milain yn rhyfeddol. Gwelwn Dafydd yn trin gwair gyda'r ceffyl ac roedd rhywun arall yno yn y cae gyda cheffyl hefyd. Yn ogystal, roedd dyn arall yn cynorthwyo ac yn hel y gwair yn rhenciau gyda chribin fechan, ysgafn. Ymhen ychydig newidiodd y llun eto a dyma'r stafell yn cael ei llenwi ag awyrgylch hyfryd, braf. Nid oeddem wedi cael hyn o'r blaen gyda'r ysbryd hwn. Roedd y manylion yn y lluniau a welwn yn syfrdanol. Gwelwn wraig gyda dau o blant – mab a merch – yn dod i'r cae. Cariai'r plant rywbeth gyda nhw, y bachgen yn cario can llaeth go fawr a'r ferch yn cario basged fechan o nwyddau. Roedd eu mam yn cario basged fawr gyda lliain bwrdd gwyn drosti. Taenodd y lliain ar y cae a gwagiodd gynnwys y fasged arno gan osod cwpanau a soseri, platiau, llwy fawr a chyllyll bwrdd ar y lliain. Gwelwn dorth fawr, lawer iawn mwy na'r bara a geir heddiw, gyda thwca at ei thafellu a photyn pridd gyda phapur sidan yn ei selio ac yn llawn o gyffaith (jam) eirin cartref. Roedd manylder y lluniau yn fanwl iawn a gwelais hyd yn oed gerrig yr eirin yn gymysg gyda'r cyffaith. Roedd yno fenyn cartref mewn dysgl bridd arall, cosyn o gaws a'r caniad mawr o ddiod. Cawn mai glastwr oedd ei gynnwys, sef llaeth enwyn wedi ei gymysgu gyda dŵr oer. Gwelwn y dynion yn torri'r brechdanau eu hunain, talpiau trwchus o fara, ac yn taenu'r menyn a'r cyffaith arnynt. Rhoddent dafellau trwchus o'r caws ar y brechdanau hefyd. Torrai mam y plant y brechdanau iddi hi ei hun a hwythau, tafellau teneuach o lawer na'r rhai a dorrai'r dynion. Parhaodd y darlun a'r awyrgylch hyfryd am dipyn ac yna, yn sydyn, diflannodd y cyfan a chododd pob dim oddi arnaf.

Tybiwn, hwyrach, y byddai'r ysbryd wedi bodloni ar ôl adrodd mwy o'i hanes gyda ni a dangos y cae gwair a'r te bach. Ond er bod pethau'n llawer iawn gwell yng Nglas y Cwm ar ôl i'r ysbryd ddangos y lluniau hyn i ni, ni chiliodd ei bresenoldeb yn llwyr ac o dipyn i beth daeth yr awyrgylch oeraidd yn ôl.

Y gweision fferm

Nid Dafydd y Wagner oedd yr unig ysbryd i ni ddod ar ei draws tra oeddem yn ffermdy Glas y Cwm. Un tro, fe'm meddiannwyd gan was fferm a'i enw oedd 'Hywel'. Rhoddai lun criw o weision ffermydd yn cario pladuriau ar eu hysgwyddau. Ni fu iddo fy meddiannu yn llwyr, dim ond dweud eu bod yn dod o Ben Llŷn ac yn cerdded i sir Amwythig i fedi'r cynhaeaf yno. Rhoddai luniau ohonynt wrth eu gwaith. Gwelwn gaeau anferth o ydau, gwenith a haidd, caeau gwastad, eang, gyda llawer o bobl yn gweithio arnynt, pawb a'i ystod ei hun yn medi'r cynhaeaf. Byddent yn aros yno am wythnosau cyn troi am adref erbyn y byddai'r cynhaeaf yn barod yno. Dyna'r cyfan a gafwyd ganddo a diflannodd.

Un arall a ddaeth atom oedd gŵr o'r enw Ned. Wedi iddo fy meddiannu, es i gryndod rhyfeddol na fedrwn ei reoli. Roeddwn mewn llesmair ysgafn. Ceisiai siarad, ond roedd nam ar ei leferydd a hynny'n ei gwneud hi'n amhosibl i ni ei ddeall. Dyna'r cyfan a gafwyd ganddo. Fe aeth yn hollol ddisymwth.

Dirgelwch arall yng Nghlas y Cwm oedd pan welwyd olion bysedd oddi mewn i'r cwpwrdd gwydr yno. Mae yno gwpwrdd gwydr yn llawn teganau, tair silff ohonynt yn dractorau ac ati. Bellach, mae'r silffoedd a'r teganau yn llawn llwch gan nad oes neb yn eu cyffwrdd gan fod y plant wedi tyfu ac wedi gadael y cartref ers blynyddoedd. Un diwrnod, sylwodd Heledd bod olion bysedd yn y llwch o gwmpas y teganau fel pe bai rhywun wedi bod yn chwarae gyda nhw. Er holi'r teulu, dywedwyd nad oedd neb ohonynt wedi bod ar eu cyfyl. Nid oedd y cwpwrdd wedi ei agor ers amser maith.

Profiadau dau seicig

Bu'r ymweliadau â'r ffermdy yn gyfle da i Siwan a Heledd i ymarfer a meithrin eu doniau ysbrydegol a dechreuasant weld mwy o bethau o'm cwmpas. Ar un o'r nosweithiau yng Nglas y Cwm, yn sydyn ac yn annisgwyl, meddiannwyd y ddwy gyda'i gilydd gan ysbrydion gwahanol. Roedd hyn cyn i'r un ohonom ddechrau cysylltu gyda'r byd ysbrydol ac felly'n gwbl ddirybudd. Fe aeth y ddwy i lesmair yn syth a hwy'n unig a gafodd y profiadau ysbrydol. Gwelwn Siwan yn newid ei gwedd. Aeth yn dalach ac yn fwy o faint, a gwelwn wraig arni a honno gyda gwallt du hir yn dechrau britho. Meddiannwyd Heledd hithau gan ysbryd gwraig ac roedd yna wyneb ar ei hwyneb hithau. Aeth yn simsan ar ei thraed ac i deimlo'n sâl. Rhoddai'r ysbryd symptomau ei salwch iddi a bu am amser hir felly cyn i'r ysbryd eu codi oddi arni yn gyfan gwbl.

Pan fo hyn yn digwydd yn sydyn ac annisgwyl i rywun am y tro cyntaf a'r ysbryd yn ei feddiannu'n ddirybudd heb iddo ddeall hynny, mae'n anodd iawn cadw pellter synhwyrol oddi wrth yr ysbryd. Caed enwau ac ychydig o hanes y ddau ysbryd, cyn i'r ddwy ddod allan o'r llesmair.

Ond meithrin sy'n meistroli pob dawn. Dyma hanes Siwan sy'n adrodd ei phrofiad o fynd i lesmair dwfn am y tro cyntaf:

Sylweddolais pan oeddwn yn ifanc fod y gallu gennyf i weld, clywed a gwybod pethau nad oedd pobl eraill yn gallu eu synhwyro, ond mi wyddwn mai annoeth fyddai cyfaddef hynny. Mae pobl yn dueddol i fychanu'r rhai sy'n ymwneud â'r galluoedd hyn – gan nad ydyn nhw'n eu deall a'u bod o bosib yn eu hofni. O'r herwydd, mi ddysgais innau ofni'r pethau hyn hefyd. Roedd fy isymwybod wedi fy rhwystro rhag cysylltu ymhellach gyda'r byd ysbrydol ar ôl i mi weld plant ifanc yn fy stafell wely a chael braw ofnadwy. Wnes i ddim gweld na chlywed unrhyw beth 'ysbrydol' wedi hynny am flynyddoedd hyd nes i mi dderbyn sesiynau hypnotherapi a mynychu sesiynau gydag Elwyn.

Dydi bod mewn llesmair ddim yn beth anghyfarwydd i mi. Mewn gwirionedd, mae'n rhywbeth sy'n digwydd i bawb a hynny'n ddyddiol – gyrru'r car heb fod yn ymwybodol o'r daith, neu synfyfyrio hyd yn oed. Ond mae llesmair dwfn yn gwbl wahanol. Gall gymryd cryn dipyn o amser i ymgyfarwyddo â'r broses i fynd i lesmair dwfn, ond oherwydd i mi dderbyn triniaeth hypnotherapi, roeddwn yn gyfarwydd â mynd i lesmair ac yn gallu gwneud hynny'n weddol hawdd. Mae gwneud hynny mewn sefyllfa pan fod yna ysbrydion yn bresennol yn gwneud y profiad yn un diddorol iawn.

Y tro cyntaf i mi lwyddo i fynd i lesmair a chysylltu gyda'r byd ysbrydol oedd yng Nglas y Cwm. Y noson honno, ar ôl sawl cyfarfod blaenorol, roedd Heledd a minnau wedi dod i'r casgliad na fyddem yn datblygu ymhellach ac nid oedd gennym unrhyw ddisgwyliadau ar gyfer y noson arbennig honno. Ond fe newidiodd popeth! Cefais ysfa i sefyll mewn cornel o'r stafell, fel pe bai rhywbeth yn rhoi gwahoddiad i mi fynd yno. Teimlais ryw gryndod i fyny a lawr fy nghefn, fel teimlad bod rhywun yn gosod ei law ar gefn fy mhen. Roeddwn yn sicr bod ysbryd wedi fy meddiannu. Ceisiais dderbyn gwybodaeth gan y ferch oedd wedi fy meddiannu ac roedd Elwyn a Heledd yn ei holi hefyd. Nid oes gen i lawer o gof o'r hyn a ddywedwyd.

Wedi hynny, es i lesmair sawl gwaith a dysgais mai'r ateb cyntaf sy'n dod i fy meddwl yw atebion o'r byd ysbrydol – nid fy syniadau i fy hun. Dysgais ymddiried mai dyma'r wybodaeth sy'n cael ei phasio 'mlaen o'r byd ysbrydol. Roedd fel petai'r llifddorau wedi cael eu hagor. Wedi hynny roeddwn yn datblygu'r gallu i 'weld' mwy, ac yn medru disgrifio'r ysbryd yn well, ac weithiau yn canfod enw. A byddai Elwyn yn cadarnhau hefyd ei fod yn gweld yr un peth. Buom yn holi'r ysbryd oedd wedi meddiannu Heledd hefyd, ac yn gweld wyneb merch arall yn gwbl glir ar ei hwyneb hithau. Yr oedd 'llygaid' yr ysbryd ar agor ac yn edrych arnom, er i ni gadarnhau gyda Heledd wedyn bod ei llygaid hi ar gau! Mae'n rhyfedd iawn i'r ddwy ohonom gael profiadau tebyg ar yr

un noson, a ninnau heb unrhyw ddisgwyliadau. Rydym
wedi dysgu bod ymdrechu'n rhy galed yn dda i ddim!

Yn rhyfeddol, ar yr un noson yn y ffermdy, profodd Heledd
y teimlad o ysbryd yn ei meddiannu am y tro cyntaf, a
dyma ei stori hithau:

Dros y blynyddoedd, rwyf wedi cael y teimlad nad
oeddwn ar fy mhen fy hun sawl gwaith. Ceisiais
anwybyddu'r iasau, y synau, yr aroglau a'r teimlad bod
rhywun yn ceisio cysylltu gyda mi, gan wrthod siarad
am y teimladau hyn. Mae'n wir fod gan bobl ofn y pethau
nad ydynt yn eu deall.

Profais sawl cyswllt gyda'r byd ysbrydol cyn i mi
ddechrau trafod ysbrydion gydag Elwyn. Un tro, syrthiais
i gysgu ar y soffa a chael fy neffro gan ferch fach tua thair
oed yn edrych arnaf – a phob golau yn y stafell wedi ei
droi ymlaen ar eu pennau eu hunain. Dro arall, gwelais
ferch tua phymtheg oed yn fy nilyn i fyny'r grisiau o
gornel fy llygad, ond yn diflannu'n syth pan fyddwn i'n
troi i edrych arni. Dros y blynyddoedd, rwyf wedi clywed
sŵn rhywun yn chwibanu wrth y tŷ a'r adeiladau yn y
cefn, ond neb i'w weld yno o gwbl. Am flynyddoedd nid
oeddwn yn fodlon siarad am y peth, rhag ofn i mi gael fy
ngalw'n rhywun oedd yn 'gweld pethau', neu hyd yn oed
gwaeth.

Bu'r noson gyntaf gydag Elwyn a Siwan yn agoriad
llygad i mi. Rhyddhad oedd siarad yn rhwydd am y

profiadau hyn heb deimlo fy mod yn cael fy nhrin yn wahanol. Cofiaf y tro cyntaf i mi weld Elwyn yn cael ei feddiannu gan ysbryd. Newidiodd yn gorfforol – ei osgo a'r ffordd yr oedd yn siarad – ac aeth yn emosiynol iawn. Dywedodd rhywun drwyddo, 'Mae dy fam yn iawn.' Nid oedd o'n edrych arna i nac ar Siwan. Dechreuodd ei fysedd ar un llaw daro'r bwrdd, un ar ôl y llall mewn undod. Parhaodd hyn am dipyn, yna, yn sydyn reit roedd o'n ei ôl gyda ni. Eisteddai'r tri ohonom mewn distawrwydd hollol, nes i Elwyn egluro mai'i dad o oedd wedi dod trwyddo, a dim ond unwaith oedd hyn wedi digwydd o'r blaen.

Roedd Elwyn, Siwan a minnau yn cynnal sesiwn yng Nglas y Cwm a dyma'r tro cyntaf i mi gael fy meddiannu gan ysbryd. Roedd hi'n noson dawel a dim llawer yn digwydd o'n cwmpas ar y cychwyn. Yna, daeth sŵn cerdded ar y landin uwch ein pennau, sŵn rhywun trwm yn cerdded ar ei hyd, ond doedd neb i fod yn y tŷ heblaw ni'n tri. Aethom i fyny'r grisiau i'r llofftydd i drio cael gweld beth neu bwy oedd yno. Yn syth, cefais fy nhynnu i gornel y llofft gyntaf i ni fynd iddi. Cefais fy arwain i fan penodol yn y stafell gan rywun a theimlais law ar fy ysgwydd. Roedd Elwyn a Siwan wedi sylweddoli fy mod wedi cael fy meddiannu hefyd a gofynnodd Elwyn yn Gymraeg am enw'r ysbryd, ddwywaith. Ond ni theimlais unrhyw beth. Wedyn, gofynnodd yn Saesneg, a heb feddwl o gwbl dyma'r enw 'Alice' yn cael ei lefaru gen i. Er fy mod i wedi cau fy llygaid, gofynnodd Siwan a oeddynt ar agor, oherwydd roedd yna wyneb gyda'r llygaid ar agor yn edrych yn ôl arnyn nhw. Gwelais luniau o afon fawr, ddofn mewn llif ar ôl glaw, a babi mewn crud gyda blanced werdd dywyll drosto. Dyna'r cyfan a gefais y tro cyntaf imi fynd i Iesmair, ac ar ôl dod allan ohono roeddwn wedi blino gymaint fel y bu'n rhaid i mi eistedd am ychydig o funudau a bûm yn wan iawn am ryw wythnos.

Ar yr un noson, cafodd Siwan yr un profiad, a gwelais wyneb hollol wahanol yn edrych drwyddi. Rhywsut, yn hollol ddiarwybod i ni ein hunain, roedd y ddwy ohonom wedi medru ymweld â'r byd ysbrydol gyda'n gilydd a chael bod yna ysbrydion wedi ein meddiannu. Ers hynny, rwyf wedi cael fy meddiannu ambell waith, ond yn deall bellach i beidio â gadael iddyn nhw gymryd fy nghorff drosodd yn gyfan gwbl. Er bod yr hyn a ddigwyddodd yng Nglas y Cwm wedi codi ofn arna i, mae gen i lawer mwy o ddealltwriaeth a hyder ynglŷn â'r byd ysbrydol erbyn hyn.

Profodd rhywun arall yr hyn a ddigwyddodd i Heledd yng Nglas y Cwm mewn lleoliad gwahanol, un tro. Roedd rhywun newydd wedi gofyn i mi a fyddai'n iawn iddo ddod atom er mwyn iddo gael ymarfer ei ddawn, a chytunais innau gan y gwyddwn ei fod wedi bod yn ymwneud yn weddol â'r byd ysbrydol. Ymunodd seicig arall â ni yn ogystal – rhywun nad oedd wedi bod gyda ni o'r blaen – ac 'ysgrifennu diymderch' oedd ei gyfrwng i gysylltu ag ysbrydion. Cysylltodd yr ysbryd drwyddo gan ysgrifennu bod yno ddyn a oedd wedi cael trawiad ar ei galon. Roedd eisiau cysylltu gyda'r unigolyn newydd a oedd hefyd yn arfer bod yn nyrs. Ar amrantiad, gwyddwn y byddai'n beryglus iawn gadael i'r ysbryd feddiannu'r person newydd, dibrofiad. Ond roeddwn yn rhy hwyr i'w rwystro – roedd wedi mynd i lesmair dwfn ac wedi ei feddiannu gan yr ysbryd. Bu rhaid i mi ei dynnu o'r llesmair drwy roi fy nwylo am ei ben a gofyn i'w ysbryd gwarcheidiol ei roi yn ôl i ni. Ymhen ychydig, daeth yn ôl atom, ond roedd yr ysbryd wedi rhoi symptomau ei salwch iddo. Ni fedrai symud ei fraich dde; roedd hi fel petai wedi ei chloi ar draws ei gorff. Parhaodd felly drwy'r nos a than y prynhawn ar y diwrnod canlynol.

Nid pobl yw'r unig rai i deimlo'r goruwchnaturiol. Pan oeddem wrthi'n sgwrsio dros baned cyn cychwyn ar y gwaith o gysylltu ag ysbrydion yng Nglas y Cwm, eisteddai cath ar linter ffenest y gegin. Byddai hi yno bob tro, yn ein gwylio'n ofalus, fel pe bai'n synhwyro'r hyn oedd yn mynd ymlaen o'i chwmpas. Un tro, pan oeddem yno gyda'n gilydd a'r egni a gynhyrchwyd yn hynod o gryf, daeth fflach o olau gwyn fel mellten drwy'r lle. Roeddem oll yn gegrwth – a'r gath wedi diflannu o'r ffenest. Rhedodd ar draws y buarth, gan aros yn ei chwman, ac edrych yn ei hôl yn frawychus gyda'i gwrychyn wedi'i godi.

6

Y GWESTY

Y bonheddwr

Mae ambell i leoliad yn cael trafferthion mawr gydag ysbrydion, a lle felly yw Gwesty'r Llew Gwyn yng nghanol y stryd fawr yn y Bala. Cefais wahoddiad i fynd yno i geisio helpu'r wraig oedd yn rheoli'r lle rai blynyddoedd yn ôl. Roedd hithau'n seicig fel finnau ac felly'n agored i'r unigolion o'r tu hwnt i'r ffin allu cysylltu gyda hi, ond ni wyddai sut i ymdrin â nhw.

Y Llew Gwyn, gwesty o gyfnod y goetsh fawr yn y Bala

Gofynnais i Gwen ddod yno gyda mi a buom yno lawer o weithiau, ambell waith yn ystod y dydd a throeon eraill gyda'r nos. Ond er i nifer o eneidiau aflonydd ddod atom, nid oeddynt yn amharu'n wirioneddol ar y lle o gwbl, dim ond rhyw alw heibio gan fod ein meddyliau yn agored i'w byd. Pobl a oedd wedi bod ar eu gwyliau yn yr ardal ac wedi bod yn aros yn y gwesty oedd nifer ohonynt, pobl o wledydd tramor ac o Loegr a'r Alban.

Oedodd un o'r ysbrydion gyda ni am dipyn mwy o amser na'r gweddill mewn un stafell. Gŵr tal, llawn ei groen a llewyrchus ei olwg oedd o, ac fe wisgai siwt o frethyn llwyd trwchus, un ddrudfawr ei defnydd. Roeddem wedi camu'n ôl i ddechrau'r ganrif ddiwethaf. Ni chawsom sgwrs gydag o, ond dywedodd wrthyf drwy'r meddwl mai perchennog ystad Grosvenor yn swydd Caer oedd o. Roedd yn aros yn y gwesty gan iddo gael gwahoddiad gan deulu ystad y Rhiwlas, y Bala, i fynd yno am rai dyddiau i saethu adar, cwningod ac ysgyfarnogod. Dangosai ddau gi hela i ni ac roedd ganddo feddwl mawr iawn o'r cŵn hyn ac anwesai hwy'n hoffus. Yna, aeth i nôl dau wn a gâi eu cadw mewn cas pwrpasol – pâr o ynnau deuddeg bôr drudfawr iawn yr olwg – ac roedd hi'n amlwg fod ganddo barch mawr tuag at y gynnau hyn. Cawn mai Purdey, cwmni yn Llundain, oedd gwneuthurwr y gynnau. Ar ôl dangos hyn i gyd, fe ddiflannodd. Ni chafwyd ei enw ganddo na dim mwy o'i hanes.

Ysbryd yr olchfa

Daeth Elin, y rheolwraig, ar y ffôn yn gofyn i mi fynd draw i'r gwesty cyn gynted â phosibl gan na fedrai'r un ohonynt agor drws yr olchfa yn y gwesty. Holais innau beth yn union a ddigwyddodd, gan ofyn, 'Ydi dwrn y drws yn troi?' Atebodd hithau, 'Does 'ne ddim dwrn arno fo'. Dyma holi, 'Oes 'ne glo ar y drws? Ydi'r goriad yn gweithio'n iawn?' 'Does 'ne ddim clo ar y drws, dim cliced na dim byd, ac mae o wedi ei osod fel ei fod o'n cau ar ei ben ei hun,' atebodd hithau.

Daeth Gwen yno gyda mi ac roedd Elin a'i mam yn ein disgwyl gan ddweud eto, ''Den ni'n methu agor drws y londrét! 'Den ni wedi rhoi pwyse arno, a'i gicio, ond dydi o ddim yn symud o gwbl. Fel arfer, ma'n agor wrth i ni roi'n llaw arno, a'i wthio'n ysgafn, ond heddiw mae o'n dynn fel cloch a 'neith o ddim agor. Ma'n rhaid i ni gael mynd i mewn i'r stafell er mwyn golchi dillad y gw'lâu ac ati.'

Es at y drws gan roi fy llaw yn ysgafn arno a dyma fo'n agor led y pen heb ddim trafferth. Camais i mewn i'r stafell ac roedd yr awyrgylch yn drwm ynddi. Gwelwn ŵr bychan yn ei chornel yn rhythu arnaf, gyda gwg yn tywyllu ei wedd. Gŵr crymanog o Sais mewn cryn oedran ydoedd, ac yn amlwg wedi gwylltio'n gacwn ac yn filain am rhywbeth. Gwyddwn yn iawn y byddai'n rhaid i mi ei drafod yn ofalus a synhwyrwn y gallai pethau fynd yn flêr pe bai'r gweddill yn dod i mewn hefyd, yn enwedig Elin, y rheolwraig. Roedd yr ysbryd wedi cymryd yn ei herbyn yn llwyr ac nid oedd croeso o fath yn y byd iddi hi na'i mam yn ei 'stafell o'. Dyna'r rheswm pam fod y drws yn cau agor iddynt; roedd yr ysbryd wedi ei gloi yn dynn er nad oedd yna unrhyw ddyfais ddaearol arno i'w gloi.

Oherwydd hynny, gofynnais i'r gweddill fynd i'r stafell arall a oedd gerllaw er mwyn i mi geisio tawelu'r enaid anniddig ar fy mhen fy hun. Dywedodd wrthyf mai y fo oedd yn edrych ar ôl yr olchfa. Ei waith o oedd golchi dillad gwelyau y gwesty i gyd a'i fod wedi bod wrth y gwaith hwnnw ers blynyddoedd lawer. Cwynai fod Elin a'i mam yn busnesa yn ei stafell ac yn golchi'r dillad heb ofyn am ei ganiatâd i ddefnyddio'r offer a'r stafell.

Ar ôl cael yr ysbryd i dawelu ychydig cawn ganddo bod angen i'r rheolwraig ymddiheuro iddo am ei dramgwyddo. Es draw at y tair a oedd yn aros amdanaf. Fel yr oeddwn yn cerdded tuag atynt, dyma Gwen yn dweud, 'Ma' 'ne ddyn bychan mewn oed yn cer'ed wrth dy ochr dde di, 'chydig y tu ôl iti, dwi'n i weld o'n blaen!' 'Oes,' atebais innau gan egluro, 'Ma'n rhaid i Elin ymddiheuro iddo fo am ddefnyddio'r stafell olchi heb ei ganiatâd. Hefyd, mae'n rhaid iddi ofyn iddo os ydi'n iawn iddi gael ei defnyddio o hyn ymlaen'.

Ymddiheurodd Elin i'r ysbryd gan ofyn a fyddai'n iawn iddi ddefnyddio'r stafell. Cawn y teimlad y byddai pob dim yn iawn ac na fyddai'n ymyrryd gyda nhw na'r lle eto. Teimlwn y presenoldeb yn codi oddi arnaf, a dyma Gwen yn dweud, 'Ma' 'di mynd, un eiliad roedd o wrth dy ochr di, ac wedyn, doedd o ddim.' Ni chafwyd trafferth i fynd i stafell yr olchfa wedi hyn.

Yr ymwelydd yn y ffenest

A minnau'n sgwrsio gyda chyfaill i mi ar y stryd fawr yn y Bala rhyw ddiwrnod, teimlais yr iasau'n dechrau cyniwair a hynny'n hollol annisgwyl. Roedd rhywun yn ceisio cysylltu gyda mi ond ni fedrwn weld yr un enaid ar y stryd ar wahân i drigolion daearol. Chwiliais o'm cwmpas a throi yn fy unfan, heb lwyddiant. Eglurais wrth fy nghyfaill yr hyn a deimlwn, a daliodd y ddau ohonom i sgwrsio – a minnau'n dal i chwilio am y cysylltydd.

Yna, sylweddolais ein bod yn sefyll gyferbyn â'r gwesty a thynnwyd fy sylw at un o'r ffenestri ar y llawr uchaf. Yno, roedd dyn mawr tew yn ei llenwi ac yn gwenu'n braf arnaf ac yn codi ei law i'm cyfarch. Dywedais wrth fy nghyfaill am yr hyn a welwn a gofynnais iddo yntau os oedd yn gallu gweld yr unigolyn yn y ffenest. 'Na, wela i neb yno,' oedd yr ateb.

Pwy ddaeth heibio ond Llinor, un o'm cyfeillion y gwyddwn fod y ddawn seicig ganddi. Dywedais wrthi, 'Mae 'na ysbryd yn cysylltu efo fi rŵan – wyt ti'n gweld rhywun?' Edrychodd yn ôl a blaen ar hyd y stryd am dipyn cyn ateb, 'Nac 'dw, wela i neb yn unman, a wela i neb arnat ti chwaith.' Arhosais am ychydig i weld a oedd angen rhagor o amser arni i allu cysylltu, ac i weld a oedd yr ysbryd yn fodlon cysylltu gyda hithau. 'Oes 'na rywbeth yn digwydd? Weli di rywun?' gofynnais wedyn ond roedd hi'n bendant nad oedd hi'n gweld yr un enaid. Dywedais, 'Edrych ar ffenest lawr uchaf y gwesty sydd yn union ar ein cyfer.' 'Argoel fawr! Mi wela i o rŵan! Mae 'ne ddyn mawr tew yn llenwi'r ffenest ac yn gwenu arnon ni!' atebodd. Dyna'r cyfan a gafwyd ac aeth y ffenest yn wag.

7

AMBELL YMWELIAD

Y teulu tlawd

Weithiau, mae caledi'r gorffennol yn ddigon i ysbrydion gynhyrfu unigolion sy'n byw yn y cartref ganrifoedd wedyn. Dyna a ddigwyddodd mewn tŷ bychan oedd yn gartref i ferch o'r enw Mari. Mae Mari'n byw ar ei phen ei hun, a dechreuodd sylweddoli bod rhyw bresenoldeb yn ei thŷ, gyda'r stafelloedd yn mynd yn boeth neu'n oer yn sydyn iawn. Cyrhaeddodd adre o'i gwaith un diwrnod a chael ei dychryn gan rywbeth ar y silff ben tân. Roedd un o'r canhwyllau yno wedi ei goleuo. Ffoniodd ei mam yn syth i'w holi a oedd hi wedi bod yno a thanio'r gannwyll, ond nid oedd hi wedi bod ar gyfyl y lle'r diwrnod hwnnw. Roedd hyn yn ddirgelwch llwyr iddi, a'r unig eglurhad oedd bod rhywun wedi bod yno.

Ceisiodd roi'r digwyddiad o'i meddwl, ond roedd tymheredd y tŷ yn dal i'w phoeni. Fel yr âi'r amser rhagddo, roedd wedi dechrau cynefino â'r sefyllfa ac ni chymerai ryw lawer o sylw o'r hyn oedd yn digwydd yno, cyn i bethau waethygu. Un diwrnod, daeth clec uchel o gyfeiriad y tŷ bach fel pe bai rhywun yn codi caead sêt y toiled ac yn ei ollwng gyda chlec uchel, a digwyddodd hyn sawl gwaith. Ymhen ychydig ddyddiau, pan ddaeth adre o'i gwaith eto, roedd y gannwyll bellaf ar y silff ben tân yn olau eto. Safodd yno mewn braw gan syllu ar y fflam. Ond yn fwy na hynny, sylweddolodd nad oedd y fflam yn llosgi gwêr y gannwyll o gwbl. Roedd fel pe bai'r fflam yn oer a'r gannwyll heb wêr tawdd o gwbl arni. Daeth yn hollol amlwg iddi bellach nad oedd hi ar ei phen ei hun yno a bod yno enaid neu eneidiau aflonydd yn y tŷ gyda hi.

Cefais yr alwad i fynd draw. Ar ôl sgwrsio a mynd o gwmpas y stafelloedd a chynefino â'r lle, dechreuodd yr iasau grynhoi ynof ac yn araf dechreuodd y lluniau ddatblygu yn fy meddwl. Cawn yr argraff o dlodi a chaledi, a gwelwn ŵr a gwraig oedrannus yn sefyll o'n blaenau. Buont yn byw yn y tŷ flynyddoedd lawer yn ôl, rhywbryd yn y bedwaredd ganrif ar bymtheg, ond ni chefais ddyddiad pendant ganddynt. Nid oeddynt yn danbaid o gwbl – cawn yr argraff eu bod yn gwpl hoffus a rhadlon ac na ddymunent niwed i neb. Ymhen ychydig daeth yr enw 'Morus' ar yr hen ŵr. Dywedodd ei fod yn was fferm a chafwyd enw'r lle heb fod ymhell o'i gartref. Aeth yr awyrgylch yn drymach a dywedodd ei fod wedi colli ei ddau blentyn i'r diciáu. Cawn yr argraff mai dyma pam eu bod yn aflonyddu yn y tŷ; roeddynt eisiau cael dweud am eu colled lem a'u profedigaeth. Roedd ei wraig yn sefyll wrth ei ochr ond ni chafwyd dim ganddi hi.

Y nhw oedd yn gyfrifol am oleuo'r gannwyll a'r clecian ac ati, ond nid oeddynt yn dymuno codi arswyd ar neb, dim ond gadael i Mari wybod bod y tŷ wedi bod yn gartref iddynt hwythau hefyd am flynyddoedd. Ar ôl iddynt gael dweud am eu colled, newidiodd yr awyrgylch. Ciliodd y ddau a thawelodd pethau ac ni chafodd Mari drafferth yno wedyn.

Yr ysbryd caeth

Daeth cais i ymweld â thŷ lle'r oedd merch o'r enw Siân yn byw gyda'i rhieni. Roedd Siân yn cael trafferth yn ei stafell wely ers peth amser, ac er bod ei rhieni hefyd yn teimlo ac yn clywed pethau yn digwydd yn y tŷ, nid oedd yr ymyrraeth yn effeithio arnynt hwy i'r fath raddau â Siân.

Dyma fynd yno gyda seicig arall, Siwan, a chyn cychwyn dyma ofyn i'r teulu beidio â dweud ym mha stafelloedd y caent bresenoldeb na beth oedd yn digwydd yno rhag i ni gael ein harwain ganddynt. Ar ôl mynd o gwmpas pob stafell a chynefino â'r tŷ gan deimlo a darllen yr awyrgylch yno, cawsom baned a sgwrs gan sôn am bob dim ond ysbrydion. Mae profiad yn dangos bod pethau'n gweithio yn llawer gwell felly.

Ymhen ychydig, teimlwn iasau ysgafn yn cronni ar waelod fy madruddyn yn yr asgwrn cefn. Ni ddywedais air, ond gwelwn fod Siwan hefyd yn cael yr un teimlad. Ar y pryd, nid oedd llun yn datblygu yn fy meddwl o gwbl, dim ond yr iasau. Teimlwn nad oedd yna fawr o ddim yn digwydd ar lawr isaf y tŷ ac aethom i'r llofftydd. Ar y grisiau, ar ben y grisiau yn enwedig, dechreuodd yr iasau gryfhau o ddifri. Yn llofft Siân aeth Siwan i deimlo'n feddw ac yn sâl a châi gur yn ei phen, a gwelodd mam Siân rith yn cerdded heibio iddi ac allan o'r stafell.

Ymhen ychydig, cyrhaeddodd Siân ei hun adref a disgrifiodd yr hyn oedd yn digwydd iddi: 'Ambell i noson o'n i'n clywed sŵn traed yn drwm ar y landin ac yn cerdded i lawr y grisiau. O'n i codi ambell i fore ac yn teimlo'n sâl swp ac yn feddw gyda 'mhen i'n troi fel 'sen i 'di bod yn yfed yn drwm y noson cynt, ond doeddwn i heb gael yr un dropyn. Ar droeon eraill byddwn yn fy ngwely yn cysgu'n drwm, ac yn cael fy neffro'n sydyn gan rywun yn chwythu neu'n poeri yn 'y wyneb i.' Roedd cwpwrdd yng nghornel ei llofft gyda silffoedd a gwahanol drugareddau arnynt. Profodd Siân gryn ofn un noson: 'Dyma'r bocs carbod 'ne sy'n y cwpwrdd yn cael ei luchio allan gan rywun neu rywbeth nes o'dd pob peth hyd y llawr ym mhob man ac o'dd 'ne deimlad annifyr iawn yma. Roedd yr holl beth wedi ei dychryn gymaint, roedd ganddi ofn aros yn y tŷ ar ei phen ei hun. Cawn yr argraff gan yr enaid hwn ei fod wedi cymryd at Siân, ac mai dyma pam ei fod yn aflonyddu arni hi yn hytrach na gweddill y teulu.

Fel yr oedd Siân yn dweud yr hanes am yr hyn a ddigwyddai yno, cawn lun dyn gweddol ifanc o'r enw 'Tom'. Er nad oeddwn yn hollol sicr o'i enw llawn, roedd ei enw cyntaf yn hollol glir. Hwn oedd wedi meddiannu corff Siwan hefyd a gwneud iddi hithau deimlo'n feddw ac yn sâl. Ond dyna'r cyfan a gafwyd yno ac aethom i lawr i'r stafell fyw. Wrth ymadael dyma Siwan yn cael arogl cwrw yn drwm drwy'r lle.

Aeth mam Siân i weld cymydog a oedd wedi bod yn byw gerllaw am flynyddoedd lawer gan ei holi pwy oedd wedi bod yn byw yno cyn iddyn nhw ddod yno i fyw. Ni soniodd am yr ysbryd o gwbl. Atebodd y cymydog, 'Dyn o'r enw Tom Davies. Dwi'n ei gofio fo'n iawn, o'dd o'n licio'i ddiod, yn alcoholig ac yn gaeth i gyffurie hefyd. Oedd o mewn stad ofnadwy a bu farw yn ŵr ifanc yn ei dridegau.'

Ers i ni fod yno mae pob dim wedi tawelu a'r awyrgylch drwy'r lle wedi ei weddnewid yn gyfan gwbl. Bellach, mae yno deimlad ysgafn, braf, ac mae Siân yn gallu aros yn y tŷ ar ei phen ei hun ers tro byd. Nid oes unrhyw ymyrraeth o'r ochr draw yno bellach.

Llety'r glem

Roedd gwraig ddieithr mewn cyfyng-gyngor un tro, ac am i mi fynd yno i'w helpu. Roedd hi'n teimlo rhyw bresenoldeb anghyffredin mewn adeilad roedd hi a'i gŵr newydd ei brynu. Bu'r adeilad yn wag am flynyddoedd lawer er iddo fod yn dŷ rhyw dro. Cysylltodd gyda mi ar y ffôn, a gofynnais iddi beidio â datgelu unrhyw beth am yr hyn a oedd yn digwydd yno gan ei bod yn well gennyf i ddarganfod beth oedd yno fy hun.

Wrth i'r wraig siarad gyda mi ar y ffôn, dechreuwn

weld lluniau yn fy meddwl. Gwelwn wraig mewn dillad tywyll yn eistedd mewn stafell foel, ddiaddurn. Nid oedd y llun yn glir iawn a dim ond rhyw ffurf yn unig a welwn. Cawn y teimlad ei bod mewn gofid – teimlad o dlodi a diffyg ymborth llym. Teimlwn yn wan ac yn llwglyd fy hunan. Dyma gytuno i fynd i ymweld â'r lle, a daeth seicig arall, Llinor, yno gyda mi. Ond ni ddywedais ddim wrthi am yr hyn a gefais ar y ffôn gan yr ysbryd.

Aethom i'r tŷ – annedd fechan, fechan, gyda bwtri nad oedd digon o le i droi ynddo, bron. Nid oedd ond un stafell arall yno gyda chroglofft uwchben un hanner ohoni, ac ysgol bwrpasol yn pwyso arni. Yn syth ar ôl croesi'r trothwy, dyma Llinor yn dweud, 'Ma' 'na hen wraig yn iste wrth ymyl yr aelwyd yn fan'cw, mae hi'n gwisgo dillad du a dydi hi ddim yn dda'i hiechyd.' Roedd hithau'n gweld yr hyn a welais innau o'r lle ar y ffôn. Ond yr hyn oedd yn gwneud y ddau ohonom yn anesmwyth iawn oedd y teimlad o dlodi mawr oedd yno. At hynny, cawn arogl salwch a marwolaeth yn drwm drwy'r lle. Roedd hyn yn rhywbeth newydd sbon i mi, a chawn drafferth i ddygymod gyda'r sefyllfa greulon. Eisteddai'r hen wraig ar gadair ger yr aelwyd oer a siôl ddu dros ei hysgwyddau. Roedd y lle'n hynod o oer. Nid yr oerni iasol mae ysbrydion yn ei gynhyrchu weithiau, ond oerni di-dân, fel yr oerni fyddai yno pan oedd hi a'i gŵr yn byw yno. Roedd yno fwrdd ac un gadair arall, cwpwrdd bwyd gwag a'r ysgol i fynd i'r groglofft. Dringais yr ysgol ac yno mewn gwely llwm gwelwn ysbryd gŵr a oedd yn wael ddifrifol. Rhoddai ei symptomau i mi. Es yn wan ac yn benysgafn ac roeddwn yn llwgu. Roedd anhwylder mawr ar fy mrest a chawn yr argraff ei fod yn dioddef o'r diciáu, o bosibl. Ymladdwn am fy anadl gyda'r frest yn gaeth ac yn gwichian. Ceisiai ddweud rhywbeth wrthyf ond ni fedrwn ei ddeall. Cawn yr argraff ei fod yn rhy wan i siarad.

Dychwelais i lawr yr ysgol a chcfais lun arall. Gwelwn wraig yn dod at y tŷ, yn agor cil y drws ac yn gadael powlen bridd ar y rhiniog. Ynddi, gwelwn botes pen dafad, y pen wedi ei hollti ac wedi ei ferwi gydag ychydig o datws a moron. Potes dyfrllyd a dilygad ydoedd. Nid arhosodd y gymwynaswraig hon ddim, trodd ar ei sawdl ac aeth oddi yno'n syth – fel pe bai'n osgoi haint marwol y lle.

A dyna'r cyfan a gafwyd. Ni fu sgwrsio o gwbl gyda'r ysbrydion, dim ond lluniau ac argraffiadau. Ni chawsom enwau na dim oll. Ond roedd hi'n amlwg ein bod ni'n rhywle yn y ddeunawfed ganrif a chaledi bywyd eithafol y cyfnod hwnnw ar ei waethaf. Diflannodd yr eneidiau yn ddisymwth ac ni fu iddynt amharu o gwbl wedyn. Ond arhosodd yr argraff annifyr gyda mi am amser hir.

Y fflat yn y Bala

Cefais alwad un bore gan wraig oedd â phethau rhyfedd iawn yn digwydd yn ei fflat uwchben siop sy'n wynebu'r stryd fawr yn y Bala. Es yno'n syth gan ddringo'r grisiau i fynd i fyny at gefn yr adeilad gan mai yno mae'r fynedfa i'r fflat. Roedd trwch o eira ar y ffordd ac wrth i mi agosáu at ddrws y fflat, gwelais fod olion traed yn yr eira'n mynd at y drws. Olion esgidiau bychain oeddynt ac edrychai fel pe bai rhywun wedi cerdded at y drws, ond heb ddychwelyd yn ei ôl. Cymerais fod gwraig y fflat, Mrs Jones, wedi bod allan yn barod. Ond pan holais i hi, dywedodd nad ei holion traed hi oeddynt. Nid oedd hi wedi mentro allan o gwbl y bore hwnnw ac nid oedd hi'n bwrw eira pan aeth i'w gwely'r noson gynt chwaith. Ac yn bendant, nid oedd neb wedi galw'r bore hwnnw – ni chlywyd neb yn curo ar y drws. Tybed pwy oedd yn gyfrifol am yr olion traed?

Eglurodd bod nifer o bethau rhyfedd wedi digwydd yno. Cododd un bore ac roedd bwyd yr adar roedd hi'n eu bwydo y tu allan ar y to gwastad wedi cael ei chwalu hyd lawr y gegin ym mhob man, er bod yr hadau adar yn daclus yn eu bocs pan aeth hi i'r gwely'r noson cynt. Dro arall, roedd y lle'n mynd yn oer, oer heb reswm yn y byd, neu'n boeth iawn, iawn. Roedd hyn yn arwydd pendant bod yno enaid anniddig ar waith.

Ond roedd un peth neilltuol wedi digwydd ar y bore hwnnw a wnaeth iddi fy ngalw draw yno. Pan aeth ati i dacluso'r gwely ar ôl codi, daeth o hyd i ddarn o lo tua'r un maint â dwrn o dan y glustog. Cafodd fraw eithriadol. Nid oedd lle tân glo yn y fflat o gwbl, ac nid oedd yno lo yn agos i'r lle gan mai gwresogyddion trydan oedd yn cynhesu'r fflat.

Gyda hynny, dechreuais deimlo'r iasau a chawn lun gwraig oedrannus a oedd wedi croesi'r ffin ers blynyddoedd – gwraig yr oeddwn yn ei chofio yn iawn, fel mae'n digwydd. Bu hi'n byw yn yr adeilad am flynyddoedd ac yn cadw'r siop islaw'r fflat. Gwyddwn yn syth mai ei hysbryd hi oedd yn ymyrryd yno, ac mai hi wnaeth wagu bwyd yr adar ar y llawr. Nid oedd yn rhyw fodlon iawn bod rhywun newydd yn byw yn ei lle hi rŵan. Gwyddwn yn iawn hefyd mai olion ei thraed hi oedd yn mynd at y drws yn yr eira ac iddi fynd i'r fflat ar ôl iddi fwrw eira'r noson cynt. Yr un ffordd gyfarwydd roedd hi'n ei defnyddio pan oedd hi'n byw yno ac roedd ei hysbryd wedi parhau i fynd a dod. Ceisiais ei denu ataf gan ei gwahodd i ddefnyddio fy nghorff dros dro i gyfathrebu gyda ni. Ond ni ddôi yn agos iawn. Fe'i gwelwn yn sefyll o'm blaen, tua dwy lath oddi wrthyf. Nid oedd ganddi eisiau siarad chwaith ac ni chafwyd ddim byd ganddi, a diflannodd yr un mor ddisymwth ag y daeth ataf.

Ond beth am y darn glo? Gwyddwn fod rhywun heblaw'r hen wraig wedi rhoi hwnnw o dan y glustog ar y gwely, ond pwy ac i beth? Es i lesmair ysgafn, ac yn araf bach datblygodd llun gŵr tenau, oedrannus a thal yn gwisgo het ddu gyda chôt hir, lwyd, a chawn yr argraff ei fod yn gweithio mewn pwll glo yn rhywle, nid yn y gogledd ond yn ne Cymru. Wrth i mi ddweud hyn wrth wraig y fflat, roedd hi'n gwybod yn iawn pwy oedd yr ysbryd. Dywedodd yn gynhyrfus, 'Fy nhaid ydi o, rydych yn disgrifio fy nhaid i'r dim! Mi fuodd o'n gweithio yn un o'r pyllau glo yn y de.'

Diflannodd yr ysbryd, ni ddywedodd ddim. Y cyfan oedd ganddo ei eisiau oedd gadael i'w wyres wybod ei fod yno gyda hi. Rhoddodd y darn glo o dan ei chlustog yn ei gwely i brofi hynny. Nid ymyrrodd yr un ysbryd â'r fflat wedi hynny.

Y cartref henoed

Daeth cais o gartref henoed yn gofyn a fyddwn yn mynd draw yno gan fod pethau rhyfedd iawn yn digwydd yno a oedd yn amharu ar y gweithwyr a thrigolion y cartref, pethau nad oedd yn bosib eu hesbonio. A ninnau'n cael paned ar ôl cyrraedd, teimlais ysbryd yn ceisio cysylltu gyda mi'n syth – gwraig dal, mewn oed, a daeth yr enw 'Mair' arni. Daeth arogl i'w chanlyn a hwnnw'n ddrwg iawn gan mai arogl ei hafiechyd pan oedd hi'n wael yn y cartref oedd o. Ni ddywedais air am hyn ar y pryd, roeddwn am aros i weld a fyddai pethau'n datblygu.

Aeth Metron y cartref â ni i un o'r stafelloedd gan egluro bod arogl drwg iawn drwy'r stafell ar adegau. Bu rhaid iddynt gael arbenigwyr i'w glanhau ddwywaith – gan gredu bod llygod mawr wedi marw yn y draeniau neu rywbeth – a hynny'n gostus iddynt. Ond ni welwyd unrhyw beth a fyddai'n creu'r arogl drwg. Dywedais innau wrthynt am yr ysbryd yn y stafell ac mai afiechyd y wraig oedd yn achosi'r aroglau drwg. Roedd Siwan gyda mi hefyd a hithau'n gallu arogli'r drewdod ac yn gweld yr hen wraig. Ni chafwyd unrhyw ddatblygiad pellach a chiliodd yr ysbryd.

Aed â ni wedyn i stafell arall lle'r oedd rhywun yn amharu ar y wraig a oedd byw ynddi. Byddai'r stafell yn mynd yn oer iawn heb reswm o gwbl. Dro arall, byddai'n mynd mor chwilboeth fel ei bod yn anodd i neb ddioddef bod ynddi. Roedd y Metron wedi dweud wrthym pwy oedd wedi marw ynddi cyn i'r tenant presennol fynd i fyw yno. Roedd y sawl oedd yn byw ynddi ar hyn o bryd wedi mynd allan am y prynhawn ac felly yn rhoi llonydd i ni er mwyn gweld beth fyddai'n datblygu. Fel y cyrhaeddais ddrws y stafell mi es yn sâl gyda phenfeddwdod mawr, cymaint felly fel y bu'n rhaid imi bwyso ar y wal i sadio fy hun ac i aros i'r pwl sâl fynd heibio. Gwyddwn mai'r dyn a fu farw yn y stafell hon oedd yn fy ngwneud yn sâl. Rhoddai ei salwch pan oedd yn croesi i'r byd nesaf i mi. Câi Siwan yr un symptomau yn union â mi. Mae hyn yn digwydd yn aml i'r rhai fydd yn dod gyda mi ar yr adegau hyn. Roedd y Metron wedi dweud wrthym mai person hynod o breifat oedd yr ymadawedig. Nid oedd am i neb wybod dim oll amdano, dim ond beth oedd yn rhaid. Rhyw greadur ar ei ben ei hun ydoedd. A dyma a gawn innau ganddo hefyd. Gwelwn ei fod yn berson main a thal ond nid oedd am siarad o gwbl. Ni chafwyd ei enw hyd yn oed. Yr unig beth a gefais oedd y teimlad meddwol a symptomau ei salwch. Ond fe gefais enw gwraig – gwraig arall a oedd wedi bod yn byw yn yr un stafell rhyw dro. Ac yn wir, wrth edrych yn y llyfrau cofnodion, roedd ei henw yno.

Nid oes aflonyddwch yn y stafell ers i ni fod yno. Mae'n

rhaid bod yr ysbryd wedi bodloni ar y cyswllt byr a'r lluniau prin a roddwyd i ni a'i fod wedi mynd yn ei flaen i'r byd nesaf.

Tŷ Manon

Cefais fy ngalw i dŷ mewn rhes o dai mewn pentref cyfagos. Roedd merch ifanc o'r enw Manon, tua deunaw oed ar y pryd, wedi profi sawl digwyddiad rhyfedd iawn yn ei llofft. Roedd hi'n cael ei deffro yn y nos gan rywbeth a synhwyrai fod rhywun yno'n ei gwylio o gornel y stafell. Ni fedrai weld neb ond teimlai bresenoldeb yn ei llofft. Meddyliodd ar y dechrau mai hi oedd yn hel meddyliau ac mai ei dychymyg oedd ar waith, a rhoddodd y teimladau o'r neilltu am ychydig.

Un noson, fodd bynnag, a hithau'n troi a throsi yn ei gwely ac yn methu â chysgu, dechreuodd rhyw iasau dreiddio trwyddi. Er bod golau'r stryd ymlaen, roedd y llofft yn eithaf tywyll. Câi ryw deimlad annifyr bod yno bresenoldeb gyda hi yn y stafell a bod rhywun yn edrych arni yn un o'r corneli. Tybiai ei bod yn gweld ffurf dyn yn y gornel, ond nid oedd yn ddigon siŵr i fod yn hollol bendant. Beth bynnag oedd yn digwydd yno roedd ganddi ei ofn. Pan soniodd wrth ei mam y bore canlynol, mynnodd mai breuddwyd oedd y cwbl gan honni nad oedd ysbryd yn agos i'r lle. Roeddynt yn byw yno ers blynyddoedd a heb gael unrhyw aflonyddwch yno cyn hyn. Gan nad oedd unrhyw bresenoldeb i'w deimlo yno yn ystod y dydd a bod hyn oll ond yn digwydd yn ei llofft hi ei hun, roedd ei rhieni'n credu ei bod hi'n hel meddyliau.

Ceisiodd Manon anwybyddu'r peth hefyd gan ddechrau amau ei hun a meddwl ai ei dychymyg oedd yn peri iddi gael y teimladau hyn. Ond un noson, tua dau o'r gloch y bore, cafodd ei deffro gan glec anferth yn ei stafell wely a sŵn curo ar y drws caeedig wedyn. Cafodd ofn arswydus – nid oedd hi'n gallu aros mwyach yno'r noson honno a bu rhaid iddi gysgu yn llofft ei rhieni. Dychwelodd i'w llofft ei hun ymhen rhyw dair noson. Ond aeth pethau o ddrwg i waeth. Cafodd ei deffro gan rywun neu rywbeth yn ei phrocio yn ei chefn. Yna, gwelai ffurf yn ceisio mynd i'r gwely ati. Teimlai bresenoldeb llawer cryfach y tro hwn – dyn neu lanc ifanc – a rhewodd gan fraw. Nid oedd yn bosib iddi aros yno mwyach. O'r diwedd, sylweddolodd ei rhieni bod rhyw weithgaredd goruwchnaturiol yno.

Y cynllun oedd i mi fynd i lesmair ac i Gwen holi'r ysbryd pe bai'n fy meddiannu. Fe'i gwahoddais i ddefnyddio fy nghorff dros dro er mwyn iddo egluro beth oedd yn ei boeni a pham ei fod yn aflonyddu ar Manon. Eglurais hefyd ein bod ni yno i fod o gymorth iddo i groesi i'r byd ysbrydol. Cawn y teimlad ei fod yn gaeth rhwng y ddau fyd.

Yn araf, â gwefrau'r iasau ar hyd fy madruddyn, gwelwn yr ysbryd yn glir – ac roedd Gwen a Manon yn gweld ei ffurf yn amlwg arnaf innau hefyd. Dieithryn o Sais oedd y llanc ifanc, a chafodd ei ladd mewn damwain ar y ffordd. Roedd yn gyndyn iawn o siarad trwof fi, a chawn yr argraff ei fod yn berson swil a diymhongar iawn. Dechreuodd roddi lluniau imi. Gwelwn ddamwain ar draffordd fawr, lydan, gydag amryw o geir yn benben â'i gilydd. Roedd yno lawer o bobl o gwmpas y ceir, ond nid oedd yn bosib gweld eu hwynebau'n glir iawn gan eu bod yn rhy bell i ffwrdd. Ffurfiau yn unig a welwn.

Gofynnodd Gwen iddo pam ei fod yn amharu ar Manon. Dywedodd wrtho'n glir ei fod yn ei dychryn a bod rhaid iddo roi'r gorau i'r ymyrryd a gadael y tŷ. Ni ddywedodd ddim, ond cryfhaodd yr argraff mai Manon oedd yr un oedd yn ei ddenu yno. Gofynnais i Manon ei hun ddweud wrtho nad oedd ganddi eisiau dim i'w wneud ag o, gan ddweud nad oedd croeso o gwbl iddo yno, ac y byddai'n rhaid iddo adael llonydd iddi a gadael y tŷ. Er nad oedd yn hoffi hyn o gwbl, ac yn wahanol iawn i rai eneidiau briwedig eraill, cododd y presenoldeb oddi arnom ac o'r stafell ac ni chafwyd trafferth gydag o wedyn.

Cofiais, fodd bynnag, nad un ysbryd yn unig a deimlais pan groesais y trothwy i dŷ Manon y tro cyntaf. Ac, yn anffodus, roedd y teulu'n parhau i deimlo bod rhywun yno a hynny drwy'r tŷ i gyd erbyn hyn. Yn wir, cawsom ysbryd arall yno. Hogyn ifanc yn ei arddegau a oedd yn perthyn i'r teulu oedd hwn. Yn ôl y teulu, achos ei farwolaeth oedd gorddefnydd o gyffuriau, neu dyna ganlyniad y cwest, beth bynnag. Ond nid oedd hynny'n gwneud unrhyw synnwyr iddynt gan nad oedd wedi ymhél â chyffuriau erioed yn eu tyb nhw.

Yn raddol datblygodd y lluniau. Cawn lun ohono'n

sefyll wrth y bar mewn tafarn gyda'i ffrindiau yn rhywle. Roeddynt yno yn yfed, a gadawodd yr hogyn ifanc i fynd i'r tŷ bach. Y darlun nesaf a gefais oedd bod un o'i gyfeillion yn tywallt powdr gwyn i'w ddiod a'i fod wedi cymryd y cyffur yn hwnnw heb yn wybod iddo. Bu farw o'r gwenwyn. Nid oes gennyf unrhyw brawf o hyn, ond dyma'r darluniau a roddai i mi. Cadarnhaodd Gwen hefyd iddi hithau weld yr un lluniau.

Ymhen ychydig daeth bachgen naw oed a oedd yn berthynas atynt i aros am wythnos o wyliau. Fe gysgai yn y stafell agosaf at Manon. Un noson cafodd ei ddeffro gan rywbeth neu rywun. Yn ei fraw, rhedodd i stafell wely Manon gan wrthod mynd yn ôl i'w stafell ei hun. A dyma gadarnhau nad oedd pethau'n iawn mewn stafelloedd eraill yn y tŷ chwaith.

Dyma Gwen a minnau'n ymweld â'r lle eto gan fynd i'r stafell wely lle'r oedd y plentyn yn cysgu. Es i lesmair ac fe'm meddiannwyd gan wraig tua chanol oed, heb fod yn dal ac yn eithaf trwm yn gorfforol. Teimlwn fy mod yn ei hadnabod. Ceisiai ddweud rhywbeth wrthyf, ond nid oedd yn gallu siarad yn glir a chawn drafferth i'w deall. Cawn yr argraff ei bod yn dioddef o anabledd o'r crud. Gallai Gwen a Manon ei gweld arnaf hefyd. Cododd fy mraich gan ei chyfeirio at silff ar y wal o dan y ffenest. Ar y silff roedd nifer o ddoliau ac amryw o deganau meddal eraill. A dyma hi'n siarad yn aneglur drwof fi. 'Y fi, y fi,' meddai gan bwyntio fy llaw atynt, ac yna ei tharo ar ei chorff sawl gwaith, fel pe bai'n dweud mai ei theganau hi oedd y rhain

ar y silff ac nid y plentyn dieithr a fu'n aros yn y stafell.
Pwysleisiai hefyd mai ei stafell hi oedd hon ac nid oedd
yn fodlon o gwbl bod y plentyn wedi bod yno.

Perai'r hyn a feddyliwn, sef fy mod yn adnabod y
wraig, gryn ddryswch imi. Gwyddwn ei bod mewn cartref
arbennig ers blynyddoedd lawer ac nid oeddwn wedi
clywed iddi farw. Teimlwn, efallai, fy mod wedi gwneud
camgymeriad ynglŷn â phwy oedd yr ysbryd, ond eto, yn
yr isymwybod, gwyddwn yn iawn pwy oedd hi.

Yn ystod y dyddiau wedyn bûm yn holi yn ei chylch
a chael gwybod nad oedd wedi croesi'r ffin a'i bod yn dal
i fyw yn y cartref. Ar y pryd, nid oedd hyn yn gwneud
synnwyr i mi. Mi wn am ysbrydegwyr eraill a oedd wedi
cael y profiad o weld rhywun yr oeddynt yn ei adnabod yn
iawn – rhywun byw – a dyna ddigwyddodd gyda'r wraig
hon. Roedd hi wedi gadael ei chorff ac wedi ymddangos
mewn tŷ gryn bellter o'i chartref arferol. Ond mi wyddwn
hefyd iddi ddod yn ôl i'w chynefin boreol.

Bu sawl ymweliad â chartref Manon a'r teulu, ond yn
y diwedd, llwyddom i waredu'r ysbrydion i gyd a'u cael i
groesi i'r ochr draw. Mae popeth yn dawel yno erbyn hyn.

Y mynach ac eraill

Roeddwn wrthi'n adrodd hanesion am ysbrydion mewn
neuadd bentref yng ngogledd Cymru un tro. Yn ystod y
noson, cefais bresenoldeb gŵr. Roedd ar y llwyfan gyda
mi, ond nid oedd am ddangos ei hun yn glir. Gofynnais

iddo – drwy'r meddwl – am arwydd ei fod yno, megis drwy greu sŵn a fyddai'n ddigon uchel i mi ei glywed. Ymhen ychydig, a minnau wrthi'n adrodd rhai o fy straeon, daeth clec ysgafn o gyfeiriad cornel dde y stafell, rhyw ddwy lath oddi wrthyf. Roedd y rhai a eisteddai yn y rhes flaen wedi clywed y glec hefyd. Ond dyna'r unig beth a gafwyd, er i hynny fod yn ddigon i brofi bod yr ysbryd yno.

Ar ddiwedd y noson, daeth merch o'r enw Ceri ataf gan ddweud ei bod hithau wedi gweld ysbryd, ond nad oedd hi wedi sôn am y profiad wrth fawr o neb gan ei bod yn poeni na fyddai pobl yn ei chredu. Dyma fi'n rhoi sicrwydd iddi y byddwn yn ei chymryd o ddifri ac na fyddwn fyth yn amheus ohoni, ac o'r diwedd fe ddisgrifiodd yr hyn a ddigwyddodd iddi.

Roedd hi'n marchogaeth ei cheffyl ar hyd darn hir a syth o'r ffordd fawr, a phan oeddynt gyferbyn ag allt goediog ar ochr y ffordd, arhosodd y ceffyl yn gwbl llonydd gan wrthod symud. Roedd hi'n ei deimlo'n crynu. Yna, gwelodd rywun mewn gwisg mynach yn cerdded i lawr drwy'r coed gan ddod tuag atynt at y ffordd fawr. Carlamodd y ceffyl fel mellten gan fynd mor bell i ffwrdd â phosib o'r hyn a welsant yn y coed, a chafodd hi gryn drafferth i'w arafu a'i stopio. Roedd o'n amlwg wedi cael arswyd mawr. Ac nid dyna'r tro cyntaf iddi ddod i gysylltiad â rhywun anghyffredin chwaith. Taerodd bod rhywbeth yn aflonyddu yn ei thŷ hefyd.

Roeddwn yn credu'n gryf fod Ceri yn seicig go iawn gan fod popeth a ddywedodd wrthyf yn gyson â'm profiadau i fy hun. Cynigiais fynd yno a dyma drefnu sesiwn gan wahodd Gwen hefyd, rhag ofn y byddai'r ysbryd eisiau cyfathrebu'n ysgrifenedig. Cyrhaeddom yno tua saith o'r gloch y nos a chawsom ein tywys i'r gegin gan Ceri. Rhoddodd Gwen bwt i mi gan ofyn yn ddistaw yn fy nghlust, 'Wyt ti'n eu gweld nhw'n y ffenest 'cw?' 'Ydw,' atebais innau. Roedd y ddau ohonom yn gweld dau rith yn sefyll wrth y ffenest – gŵr mewn côt denau lwyd at ei bengliniau a honno'n debyg iawn i gôt odro gyda chortyn yn ei chau am ei ganol, a gwraig yn gwisgo brat o ddefnydd sach am ei chanol. Ni chawsom yr un gair ganddynt hyd yn hyn a dyma ddweud wrth Ceri beth a welem. Tra oedd y tri ohonom yn sgwrsio dros baned wrth fwrdd y gegin, dechreuodd yr iasau grynhoi ar waelod fy nghefn a threiddio i fyny i'r pen. Cefais lun o'r wraig eto, ac roedd hi'n amlwg erbyn hyn ei bod hi am gysylltu gyda ni. Roedd rhywbeth ar ei meddwl.

Ceisiodd Gwen gysylltu gyda hi'n gyntaf gan obeithio y byddai'r wraig yn ei defnyddio i gyfathrebu'n ysgrifenedig. Aeth i lesmair, a dyma'i llaw yn estyn am y beiro a'r papur ac ysgrifennodd y gair 'Nun'. Roedd y lleian o Ganada, ei phrif ysbryd gwarcheidiol, wedi cysylltu a dyma holi'r lleian a oedd yn iawn i ni ddal ati i geisio cysylltu gyda'r ysbryd yn y tŷ. Cadarnhaodd y lleian gan ysgrifennu 'Yes' ar y papur.

Ciliodd y lleian ac er bod ysbryd y wraig yn dal i fod arnaf, fe'i gwelwn yn meddiannu corff Gwen hefyd. Meddiannodd y ddau ohonom gyda'n gilydd, fel sy'n digwydd yn aml gyda gwahanol ysbrydion. Dechreuodd ysgrifennu a'r tro hwn, fel pob tro arall, roedd y llawysgrifen yn wahanol i un y lleian wrth i'r gair ymddangos ar y papur, ac un gair yn unig a ysgrifennwyd, sef 'Sharad'. Gwyddwn yn syth mai ei dymuniad oedd cyfathrebu trwy siarad ac nid yn ysgrifenedig drwy Gwen, felly dyma wahodd y wraig i ddefnyddio fy nghorff dros dro. Es i lesmair ysgafn fel fy mod yn gallu gweld a deall yr hyn oedd yn digwydd yn y ddau fyd. Dyma hi'n dweud, 'Ma'r ddynes yn y tŷ 'ma 'di tynnu 'ngrât i allan yn y stafell arall 'ne a 'di rhoi un arall yn ei lle. Doedd ganddi'm hawl i neud hyn, y fi o'dd bia honno a ddim y hi, do'dd ganddi'm hawl!'

Ar hynny, atseiniodd clec anferthol dros y lle. Teimlwn ysbryd arall yn fy meddiannu ar draws yr hen wraig a honno'n cael ei hel o'r neilltu gan yr ysbryd newydd. Erbyn hyn, roedd y gŵr a welsom gyda hi yn y gornel wrth y ffenest wedi fy meddiannu. Cawn yr argraff ei fod yntau'n flin iawn ac meddai, 'Fel hyn ma'r Margiad 'ma 'di bod 'rioed. Isio bod ar y blaen i bawb o hyd, ma' hi'n niwsans.' Cyn hyn nid oeddem wedi cael enw ar yr hen wraig, a dyna'r cyfan a gafwyd gan ei gŵr. Diflannodd y ddau a dois allan o'r llesmair. Meddai Ceri, 'Dwi'n methu credu hyn. Ysbryd yr hen wraig yn deud 'mod i 'di tynnu'r hen grât 'na allan a 'di rhoi un newydd yn ei lle. Ma' hynny'n berffaith wir, dwi 'di g'neud hynny a 'di prynu Rayburn newydd sbon. Ond be oedd y glec uchel 'ne?' gofynnodd. Eglurais wrthi i'r glec ddod oherwydd bod cymaint o egni yn y stafell – ni'n tri ynghyd ag egni ysbrydion y gŵr a'r wraig. Ac roedd gan y gŵr egni cryf – roedd yn danbaid eisiau fy meddiannu i gael dweud ei gŵyn am Margiad. Dyma ofyn i Ceri ymddiheuro i'r hen wraig am dynnu'r hen grât a rhoi un newydd yn ei lle heb ei chaniatâd, ac felly y bu. Ni chafwyd unrhyw ymyrraeth yn y gegin wedi hynny.

Ond roedd Ceri'n ysu i'n cael i archwilio'r stafelloedd i fyny'r grisiau gan fod rhywbeth wedi ei harswydo yno hefyd, a rhyw aroglau drwg i'w glywed yno weithiau. Ac yn wir, yn un o'r llofftydd uchaf cawn bresenoldeb cryf ac annifyr. Teimlwn rywun yn ceisio fy meddiannu, a hynny'n hollol ddirybudd, a'r noson honno, fe wnes i gamgymeriad mawr wrth gysylltu â'r byd ysbrydol. Gadewais i'r ysbryd fy meddiannu'n llwyr, a hynny heb ddeall yn iawn beth oedd ei amgylchiadau na chyd-destun ei bresenoldeb. Ni chefais gyfle i ddarllen yr arwyddion yn iawn ac es i lesmair dwfn yn gwbl annisgwyl.

Fe'm meddiannwyd gan fynach. Cefais yr enwau 'Rhygfarch' neu 'Rygyfarch ab Einion', a hynny'n gymysglyd i ddechrau cyn i'r enw 'Rhygyfarch ab Einion' ymddangos yn hollol glir. Yna, cefais yr enw 'Bryn y Gwystl' a gwelwn lun arall; llun mynachlog yn wenfflam yn y cefndir a'r mynachod yn ffoi i bob cyfeiriad mewn braw. Gwelwn filwyr ar geffylau yn eu herlid a'u lladd yn ddidrugaredd, rhai o'r mynachod yn cael eu dienyddio â chleddyfau, eraill yn cael eu trywanu â gwaywffyn. Un o'r arfau eraill gan y milwyr oedd darn o bren gyda chadwyn wrtho, ac ar ben y gadwyn roedd clap crwn o haearn gyda phigau haearn arno. Ni fedrwn ddweud pa fynachlog a welwn yn llosgi ond roedd gwisgoedd y milwyr yn edrych fel pe baent yn perthyn i gyfnod yr Oesoedd Canol diweddar.

Parhaodd y darluniau. Gwelwn filwyr yn dal y mynach a alwai ei hun yn Rhygyfarch ab Einion, yn rhoi rhaff am ei wddw a'i grogi ar goeden. Aeth pob man yn ddu fel y fagddu ac ni fedrwn gael fy ngwynt. Roeddwn yn mygu fel pe bawn yn mynd drwy farwolaeth y mynach. Yn sydyn, peidiodd y mygu a chefais fy hun wedi dod yn ôl i'r byd hwn. Diolch byth, sylweddolodd Gwen beth oedd yn digwydd i mi a fy mod wedi mynd i lesmair rhy ddwfn o lawer, a llwyddodd i'm tynnu allan ohono. Bu'r profiad ysgytwol hwn yn addysg go iawn i mi. Nid oeddwn byth eto am adael i unrhyw ysbryd fy meddiannu'n llwyr.

Gwnaeth Ceri baned arall a gofynnodd a oeddem ar frys i fynd adre. Roedd un o'i chyfeillion nad oedd yn byw yn bell oddi wrthi yn cael trafferth gydag ysbryd yn ymyrryd yno. Cytunodd Gwen a minnau i fynd gyda hi i'r tŷ. Yn y car ar y ffordd yno, gofynnodd Ceri, 'Oes 'ne ysbryd yn y car 'ma efo ni rŵan? Dwi'n teimlo rhywun yn chwythu i 'ngwyneb i.' Atebais innau, gan egluro, 'Oes, ma' 'ne wraig sy' 'di cael ei lladd mewn damwain ffor' yn y car 'ma o hyd. Weithie, mae'n rhoi hogle persawr cry', lond y car, a'r un hogle bob tro'.

Cyrhaeddom y tŷ ac o'r eiliad yr aethom drwy'r

drws roedd yno ias drom yn ein cyfarch – ias braidd yn annifyr ond nid yn fileinig na pheryglus. Eglurodd y ferch a oedd yn byw yno beth yn union oedd yn mynd ymlaen yno. Roedd ganddi lwy garu yn hongian ar fachyn ar y wal uwchben ei gwely. Daeth adref o'i gwaith un diwrnod ac aeth i'r llofft i nôl rhywbeth, ac yno ar y gwely, wedi ei thynnu o'r wal ac wedi ei gosod yn daclus, roedd y llwy garu. Aeth hyn yn ddigwyddiad cyson. Bob tro y rhoddai'r llwy yn ei hôl ar y bachyn, erbyn y dôi adre o'i gwaith roedd wedi cael ei thynnu a'i rhoi yn ôl ar y gwely. Hefyd, dechreuodd y tŷ fynd yn boeth iawn heb ddim rheswm. Dro arall, byddai'r stafelloedd yn troi'n oer, oer er bod tân yno. Roedd rhyw ias annifyr yno o hyd a châi'r teimlad nad oedd hi yno ar ei phen ei hun. Teimlai fod rhywun yn ei gwylio'n gyson a meddyliai ar brydiau ei bod yn gweld rhywun gyda chornel ei llygad.

Ar ôl ychydig o sgwrsio am yr hyn a'r llall a chael teimlad o awyrgylch y lle, dechreuodd yr iasau grynhoi ar hyd fy asgwrn cefn, a chawn lun o ŵr a oedd yn edrych fel pe bai yn ei bedwardegau cynnar – gŵr gweddol fyr a gwallt du ganddo. Safai wrth ochr car a gwelwn yr ysbryd a'r car ar allt serth, droellog, ac ar gornel ddrwg iawn yn y ffordd. Cawn yr argraff ei fod wedi cael damwain ar y gornel hon ac iddo gael ei ladd o ganlyniad i'r ddamwain. Ceisiais ei ddenu yn nes ataf gan ei wahodd i'm meddiannu, ond daeth yn amlwg nad oedd am wneud hyn a chawn y teimlad ei fod eisiau siarad drwy Gwen. Ar ôl iddi gael caniatâd y lleian ei bod yn iawn iddo wneud hyn, aeth i lesmair ysgafn. Dyma ni'n aros i'r ysbryd gyfathrebu drwy ysgrifennu, fel y gwnâi llawer o'r ysbrydion drwy Gwen. Ond ni ddigwyddodd hynny'r tro hwn. Symudai llaw Gwen, fel petai ar fin ysgrifennu rhywbeth, ond yn hytrach, tynnu llun o gar wnaeth yr ysbryd. Ac mi wyddwn yn union beth oedd y car oherwydd i mi fod yn berchen ar un fy hun yng nghanol chwedegau'r ganrif ddiwethaf, un coch gyda tho gwyn. Ford Anglia oedd y car yn y llun. Ond rhoddwyd y gorau i gynhyrchu'r ceir hyn yn 1967, ymhell cyn geni Gwen. Nid oedd wedi gweld y fath gar erioed yn ei bywyd, er iddi dynnu llun y car yn berffaith.

A dyna'r unig beth a wnaeth gyda'r beiro. Dechreuodd yr ysbryd roi negeseuon iddi ac roedd hithau yn ailadrodd wrthym yr hyn a gâi ganddo. Dywedodd mai fo oedd yn gyfrifol am dynnu'r llwy garu o'r wal uwchben y gwely a'i rhoi ar y gwely. Gofynnais iddo, 'Pam dy fod ti'n neud hyn o hyd, yn enwedig gan ei bod hi'n byw ar ei phen ei hun? Ti'n ei dychryn hi.' Atebodd drwy ddweud ei fod mewn cariad gyda'r ferch a'i bod yn ei atgoffa o'i gariad ei hun pan oedd o yn ein byd ni. Dyma ofyn iddo roi'r gorau i'r ymyrryd, a hynny'n hollol gwrtais. Eglurais wrtho nad yma ar y ddaear oedd ei le, a'n bod ni'n ddiolchgar iawn iddo am ddod draw am sgwrs. Ar hynny, newidiodd yr awyrgylch yn llwyr. Cododd y trymder annifyr a daeth yna ryw gynhesrwydd ac ysgafnder hapus drwy'r lle. Nid yw'r ysbryd wedi ymyrryd wedyn. Ond yr hyn sy'n rhyfeddol yw bod mam y ferch yn arfer byw yn y tŷ o'i blaen rhyw dro, ac roedd hithau hefyd yn cael yr union drafferth gyda'r ysbryd hwn. Un peth rwyf wedi ei ddysgu wrth drafod ysbrydion yw bod yn rhaid i ni eu parchu a dangos cwrteisi tuag atynt, yn union yr un fath â phe byddent yn fyw gyda ni ar yr ochr yma. Yr un bobl ydynt.

Y crogwr a'r cardotyn

Canodd y ffôn ac roedd gwraig o sir Ddinbych ar y pen arall yn gofyn a fyddwn yn fodlon mynd yno gan eu bod yn cael eu poeni gan ysbrydion. Ni ddatgelodd ryw lawer wrthyf gan ei bod yn well gen i fynd yno gyda meddwl agored a chael gweld drosof fy hunan beth yn union yw'r ymyrraeth oruwchnaturiol.

Daeth seicig arall yno gyda mi ac wrth i ni dreulio rhai munudau yn y tŷ, dyma'r ddau ohonom yn teimlo rhywbeth ar yr un pryd. Nid lluniau na dim byd felly, dim ond arwyddion cryf bod rhywun o'r tu hwnt eisiau cysylltu â ni. Ar ôl myfyrio ar y sefyllfa am ychydig, gofynnais a gawn i fynd o amgylch y lle i gael gweld beth a gawn. Roedd stafell ymolchi fechan ar y llawr isaf ac wrth gamu i'r stafell honno, teimlwn yr iasau'n cryfhau a datblygodd llun gŵr yn crogi oddi ar un o'r distiau yn fy meddwl. Gofynnais i'r seicig a ddaeth gyda mi a oedd yntau'n cael rhywbeth ac atebodd yn bendant, 'Yndw, ma' 'na ddyn wedi crogi ei hun yn y stafell yma.' Wrth i'r lluniau ddatblygu ac i'r cyswllt gryfhau, gwelwn ŵr oedrannus yn crogi ar raff uwch fy mhen, er na chawn enw arno nac unrhyw arwydd ei fod am gyfathrebu gyda ni hyd yn hyn; dim ond gadael i ni wybod ei fod yna a wnâi. Yn rhyfeddol, roedd gwraig y tŷ yn ei weld yn ogystal, a hynny'n cadarnhau ei bod hithau'n seicig hefyd, er ei bod yn hynod o ofnus o hynny.

Aethom i stafell arall ac yng nghornel y stafell gwelwn ysbryd dyn, un gwahanol i'r un yn y stafell folchi. Roedd yna ias fileinig yn y stafell hon – cawsom oll yr un teimlad. Eisteddai'r dyn yn y gornel gyda'i wyneb wedi ei droi at y pared. Gwaethygodd yr awyrgylch milain yn y stafell a theimlwn yn bendant mai cadw'r ysbryd hyd braich fyddai'r peth doethaf i'w wneud, a pheidio â gadael iddo fy meddiannu'n llwyr. Cawn yr argraff mai cardotyn oedd y dyn a'i fod wedi mynd i'r sied wair i gysgu'r nos. Roedd wedi tanio sigarét yno a phan aeth i gysgu, roedd y sigarét yn dal i losgi. Aeth y gwair a'r sied ar dân ac fe'i llosgwyd i farwolaeth. Nid oeddwn am adael iddo ddod yn agos ataf a cheisiais ei gael i droi atom i ni allu ei weld yn iawn, ond gwrthododd. Gwyddwn fod rhywbeth yn ei boeni.

Yn sydyn, dyma'r rhith yn troi atom gan ein hwynebu a chawsom ein dychryn yn ofnadwy gan ei olwg. Nid oedd cnawd o gwbl ar ei wyneb; roedd wedi ei doddi a'i losgi i gyd a dim ond asgwrn oedd ar ôl. Ar hynny, gwyddwn nad oedd diben dal ati gydag o gan ei fod yn rhy fileinig ac fe'i caeais o'm meddwl. Ni fyddai'r un ohonom mewn unrhyw berygl gan fy mod, cyn dechrau cysylltu gyda'r ysbrydion, yn gofyn i fy mhrif ysbryd gwarcheidiol wneud yn siŵr na fyddai unrhyw niwed i ni ar y noson, ac mae hynny'n gweithio bob tro.

Cawsom seibiant a phaned ar ôl hynny ac eisteddwn wrth y bwrdd gan wynebu ffenest flaen y tŷ. Roedd hi'n nos, a'r llenni heb eu cau, a golau'r stryd ymlaen gan roi rhywfaint o oleuni. Yn sydyn, datblygodd ffurf gŵr nad oedd yno eiliad ynghynt. Pwysai ar bolyn lamp gan danio sigarét a gwelwn y sigarét yn cochi fel yr oedd yntau'n tynnu. Chwythodd y mwg o'i geg a hwnnw i'w weld yn glir yng ngolau'r lamp stryd. 'Ma' 'ne ddyn yn smocio wrth y polyn lamp yn fan'cw,' meddwn, gan edrych ar ŵr a gwraig y tŷ. Edrychodd y ddau yn syn ar ei gilydd gan ddod i fy ymyl i gael gwell golwg ar y stryd. Roedd y wraig yn ei weld yn iawn, yn mwynhau ei fygyn, a dyma hi'n dweud gyda braw yn ei llais, 'Ma'r dyn acw wedi marw ers tua phythefnos, ac roedd o'n byw ychydig ddryse i ffwrdd. Doedd ei wraig o ddim yn fodlon iddo fo smocio'n y tŷ a bydde'n mynd allan ac yn pwyso ar y polyn lamp i ga'l smôc bob nos.' Ac er bod yr iasau yn fy ngherdded, ni feddyliais am eiliad mai ar ysbryd yr edrychwn. I mi ar y pryd, roedd yn berson byw go iawn. Roedd y pedwar ohonom yn y ffenest yn edrych arno erbyn hyn, yna, diflannodd yn ddisymwth; nid cerdded oddi yno ond diflannu o flaen ein llygaid i rywle mewn chwinciad eiliad. Ond gwyddai yn iawn ein bod wedi ei weld.

8

ENEIDIAU COFIADWY

Hen Gyrnol Maes y Garnedd

Mae rhywun wedi cael profiadau rhyfeddol dros y degawdau wrth gysylltu gydag ysbrydion ac weithiau mae rhywun yn sylweddoli nad unrhyw ffigyrau rhithiol o'r gorffennol mohonynt, ond unigolion arwyddocaol sy'n perthyn i hanes. Yn fy nghyfrol gyntaf, trafodais fy mhrofiad o gysylltu gyda Llywelyn y Llyw Olaf ac Owain Glyndŵr. Digon prin fu'r profiadau rhyfeddol hynny dros y blynyddoedd, ond dyma rannu rhai gyda chi.

Tyddyn pellennig ar odre'r mynydd yw Ty'n y Bryn. Roedd cwpl ifanc yn byw yno, ac un diwrnod, gwelodd gwraig y tŷ ddyn yn cerdded heibio'r ffenest gefn. Gwisgai het gyda chantel llydan iddi a'i wisg yn hynafol iawn. Roedd y ffurf yn dangos ei hun yn amlach fel yr âi'r amser yn ei flaen gan ddod yn fwy amlwg hefyd, bron fel pe bai'n berson go iawn. Mae'n debyg i hynny ddigwydd gan fod dawn seicig y wraig oedd yn byw yno'n cryfhau ac yn datblygu gydag amser, ac felly, presenoldeb yr ysbryd yn cryfhau drwy'r tŷ.

Dyma'r tŷ trymaf y bu i mi fod ynddo erioed. Yr eiliad y cerddais drwy'r drws, roedd pwysau sawl presenoldeb yn gwasgu arnaf o bob cyfeiriad ar draws ei gilydd. Cawn drafferth i gerdded, roedd y coesau fel pe baent mewn cyffion, a medrwn dorri'r trymder a'r ias gyda chyllell. Er bod amryw o ysbrydion yn ceisio cysylltu gyda mi ar draws ei gilydd, nid oedd yr un yn dangos ei hun yn amlwg ar y pryd. Yng nghwmni'r cwpl ifanc, aethom i'r stafell wely'n gyntaf. Nid oedd dim anarferol yn digwydd yn hon yn nhyb y ddau, ond cawn bresenoldeb dyn yn gryf iawn yno. Nid oedd yn danbaid o gwbl ac er i mi roi'r cynnig iddo i feddiannu fy nghorff, ni wnaeth hynny, dim ond rhoi'r neges ei fod o yno. Fe'i gwelwn yn blaen yn eistedd ar y gwely yn edrych arnom a chawn yr enw 'Edward' arno. Cawn y teimlad mai Cymro oedd o, ond nid oedd am sgwrsio o gwbl a chawn yr argraff ei fod wedi croesi'r ffin ganrifoedd yn ôl.

Symudwyd i stafell wely arall ac roedd hon yn hollol wahanol, yn drwm, ac roedd ynddi ias fileinig iawn. Gwyddwn y byddai'n rhaid i mi fod yn ofalus gyda'r ysbryd hwn; ni châi ddod yn rhy agos ataf. Es i lesmair ysgafn fel y medrwn weld beth oedd yn digwydd yn y ddau fyd ar yr un pryd. Fe'm meddiannwyd gan ysbryd dyn milain iawn, ond ni chafodd fy meddiannu yn rhy gryf. Ar hynny, daeth yr enw 'John Jones' a dangosai lun ohono'i hun i mi: gŵr cydnerth ac awdurdodol, heb fod yn dal iawn, a dillad hynafol amdano. Gwisgai het gyda chantel llydan ac roedd yn cario cleddyf trwm hefyd. Yn raddol, cefais yr enw 'Maes y Garnedd'. Yna, cawn luniau o'r dyn yn lladd pobl gyda'i gleddyf a defnyddiai ei ddwy law i'w drin. Cawn yr argraff ein bod yn Iwerddon ac roedd y gŵr hwn yn casáu'r Gwyddelod a'r ffydd Babyddol. Nid brwydr a welwn ond lladdfa, llofruddio pobl ddiniwed. Gwelwn gyrff ym mhobman – yn hongian ar goed a llawer iawn yn gelain ar lawr. Cefais yr enw 'Oliver Cromwell' a'r geiriau 'New Model Army'. Roedd yno gyflafan a lladdfa enfawr ar bobl ddiniwed, yn ddynion, gwragedd a phlant, gyda byddin fawr waedlyd yn eu llofruddio'n ddidrugaredd.

Dim ond unwaith neu ddwy mae ysbryd mor fileinig â hwn wedi fy meddiannu, ac fe'i cadwais hyd braich, rhag ofn. Gadewais iddo fy meddiannu, ond dim ond rhywfaint fel ein bod yn cael ychydig o wybodaeth a lluniau ganddo. A hynny'n unig a gafwyd – lluniau ac argraffiadau. Tawelodd pethau wedyn a chawn yr argraff ei fod yn edifar iawn am yr hyn roedd wedi ei wneud yn Iwerddon a mannau eraill.

O'r stafell wely aethom i lawr i'r gegin. Ar hyn, dyma ysbryd gwraig oedrannus yn cerdded heibio gan gario rhywbeth yn ei dwylo. Ni ddywedodd ddim a cherddodd i'r wal ar ben y stafell yn nhalcen y tŷ. Gwelwn lun popty mawr a oedd wedi bod yn weithredol yn y wal rhyw dro, yn yr union fan lle y diflannodd ysbryd y wraig. Yn hwn y byddai'r bara yn cael ei bobi pan oedd y wraig

JOHN JONES,
Executed at Charing Cross 1660.

John Jones, Maes y Garnedd (trwy ganiatâd Llyfrgell Genedlaethol Cymru).

oedrannus yn byw yn y tŷ. Ymhen ychydig, daeth y wraig allan o'r wal gan gario rhywbeth eto yn ei dwylo, fel pe bai'n gweini, ac aeth heibio i ni drachefn heb ddweud yr un gair gan ddiflannu i'r wal ar ben arall y stafell. Cadarnhaodd y teulu fod popty mawr wedi bod yno rhyw dro ond ei fod wedi cael ei gau flynyddoedd lawer yn ôl. Mae'n hollol amlwg fod y wraig wedi bod yn byw yno mewn rhyw ocs – efallai yn yr un ocs â'r ysbrydion eraill – ond nid arhosodd am sgwrs, dim ond dangos ei bod hi yno o hyd. Tawelodd pethau wedi i mi fod yno a chafodd y teulu lonydd.

Ar ôl mymryn o ymchwil, cefais hyd i hanes y sawl oedd yn byw ym Maes y Garnedd yn yr ail ganrif ar bymtheg, sef y Cyrnol John Jones. Cafodd ei eni ym Maes y Garnedd yng Nghwm Nantcol, Ardudwy, yn fab i Thomas Jones. Gan mai nid ef oedd y mab hynaf, cafodd ei anfon i Lundain i wasanaethu teulu'r Myddleton. Pan ddechreuodd Rhyfel Cartref Lloegr, ymunodd â byddin y Senedd ac erbyn 1646 roedd yn ymladd yng ngogledd Cymru ym myddin Thomas Mytton fel cyrnol. Bu'n Aelod Seneddol dros Feirionnydd ac ym 1649, arwyddodd ei enw ar warant i roi'r Brenin Siarl y 1af i farwolaeth. Ym 1650 aeth i Iwerddon yn brif gomisiynydd i weinyddu'r wlad, ac ym 1655 gwnaed o'n gomisiynydd dros ogledd Cymru. Roedd ei wraig gyntaf wedi marw yn Iwerddon ym 1651, ac ym 1656 ailbriododd â Katherine, chwaer Oliver Cromwell. Yn dilyn marwolaeth Cromwell ac ymddiswyddiad ei fab, Richard Cromwell, fe gymerwyd John Jones yn garcharor gan wŷr y Cadfridog George Monck ym 1660. Fe'i cafwyd yn euog o deyrnfradwriaeth, a chafodd ei bedrannu (sef ei grogi), ei ddiberfeddu a'i chwarteru yn Llundain ar 17 Hydref 1660.

Enw'r ysbryd yn y stafell wely gyntaf oedd Edward. Nid allaf fod yn hollol sicr, ond cawn yr argraff ei fod o'r un llinach â John Jones. Enw ei frawd hynaf oedd Edward. Tybed ai un a fu'n gweini i'r teulu oedd y wraig oedrannus?

Yr arlunydd enwog

Dros y blynyddoedd, mae'r ddawn wedi datblygu gymaint hyd nes bod sgwrs ar y ffôn yn ddigon i mi allu gweld yr ysbryd sy'n peri trafferth i'r sawl sy'n fy ffonio. Wrth drafod yr ysbryd dros y ffôn – ac wrth i'r unigolyn ddisgrifio'r hyn sy'n digwydd yn ei gartref – mae llun o'r ysbryd sydd yno yn datblygu yn fy meddwl.

Digwyddodd hynny am y tro cyntaf ac yn hollol annisgwyl pan gysylltodd gweinidog o Gymro a oedd yn byw heb fod ymhell o Lundain gyda mi. Roedd ganddo ddiddordeb mawr yn y byd ysbrydol a byddai yn fy ffonio am sgwrs bob yn hyn a hyn. Roedd yn gasglwr lluniau brwd ac roedd o newydd brynu nifer go dda o ddarluniau dyfrlliw gan berthynas iddo. Un bore, sylwodd bod rhyw newid wedi digwydd i un o'r darluniau yn ystod y nos. Roedd pob darlun mewn ffrâm ac wedi eu gorchuddio â gwydr, ond sylwodd bod y lliwiau wedi eu dyfnhau yma ac acw mewn un llun. Eto, ni allai fod yn hollol sicr a oedd hynny wedi digwydd ai peidio, neu ai'r meddwl oedd yn chwarae triciau, felly, rhoddodd y digwyddiad o'r neilltu am rai wythnosau. Ond sylwodd ar newid mewn llun arall yn fuan wedyn, a bod adar wedi eu hychwanegu i'r olygfa, a maes o law, newidiodd rhagor o'r darluniau hefyd. Ymddangosodd coed yn rhai o'r lluniau a chymylau mewn rhai eraill. Fe gyflogai'r un lanhawraig i lanhau'r tŷ ers blynyddoedd, a sylwodd hithau hefyd ar y newidiadau yn y lluniau. Dychrynodd am ei bywyd a gwrthododd fynd yno i lanhau wedyn.

Fel yr oedd yn adrodd yr hanes i mi ar y ffôn, yn sydyn, datblygodd llun o arlunydd wrth ei waith i mi yn fy meddwl. Gwelwn ŵr tenau yn gwisgo bere ar ei ben, gyda gwallt gweddol hir a phwt o farf yn hongian o dan ei ên. Gwisgai siwmper wen gyda streipiau du ar ei thraws. Tybiais ei fod yn Ffrancwr a chawn yr enw 'Jacques' arno. Roeddwn yn sicr mai'r ysbryd hwn oedd yn addasu'r darluniau yng nghartref y gweinidog a'i fod wedi cysylltu gyda mi i ddweud hynny.

Roedd hi'n fore Sul pan ges i'r sgwrs am y darluniau gyda'r gweinidog. Y nos Fercher ganlynol, aeth pedwar ohonom i wasanaeth ysbrydegol yn ymyl Harlech. Nid oeddem yn adnabod unrhyw un o'r ysbrydegwyr eraill yn y cyfarfod, dieithriaid oeddynt i gyd. Dyma'r cyfryngydd a oedd yn cymryd rhan ar y llwyfan yn estyn ei law ataf ac meddai wrthyf, 'You in the green jumper, carry on with the French connection, you're on the right track. Also, you have been keeping terriers, I can see them jumping and dancing around you!' Roedd yn gywir – bûm yn cadw daeargwn am flynyddoedd lawer. Bu'n dawel am ychydig wedyn cyn dweud, 'Alice sends his regards.' Roeddwn wrthi'n ysgrifennu'r gyfrol *Cymeriadau Penllyn* ar y pryd ac yn gweithio ar y bennod sy'n sôn am y cymeriadau lliwgar Elis a Huw Edwards, Fedw Arian. Cywirais y seicig gan ddweud wrtho mai 'Elis' ac nid 'Alice' oedd enw'r ysbryd ac ymddiheurodd am y camgymeriad.

Daeth y gweinidog ar y ffôn eto'n fuan wedyn a dywedodd ei fod wedi bod â rhai o'r lluniau i Lundain i gael eu prisio gan arbenigwr. Mae'n debyg fod y darluniau dyfrlliw wedi eu peintio yn yr un arddull â darluniau arlunydd enwog yn ei ddydd o'r enw Jack Martin. Holodd y gweinidog am fwy o fanylion am yr arlunydd ac aeth y prisiwr i nôl llyfr am arlunwyr enwog. Dyna lle'r oedd ei hanes:

MARTIN, JOHN (1789–1854), English painter, was born at Haydon Bridge, near Hexham, on the 19th of July 1789. He became famous in France as well as Britain, he was knighted by Leopold I of Belgium, and his influence was felt by American artists such as Cole.

Wedi hyn, peidiodd yr ysbryd ag ymyrryd gyda'r lluniau yn y tŷ. Llwyddodd i gael yr hyn roedd arno'i eisiau, sef rhoi neges er mwyn i berchennog newydd ei ddarluniau wybod ei fod o'n dal i beintio o hyd.

Roedd y digwyddiad hwn yn ddatblygiad newydd i mi'n bersonol – am y tro cyntaf medrwn weld yr ysbryd oedd yn ymyrryd wrth i'r unigolyn egluro'r hanes ar y ffôn. Bellach, mae hynny'n ddigwyddiad gweddol gyffredin ac yn ddatblygiad a arbedodd lawer o siwrneiau ac amser i mi ar hyd y blynyddoedd.

Yr Eneth Gadd ei Gwrthod

Esgorodd un alwad ffôn ar gyfres o sesiynau na phrofais eu tebyg o'r blaen. Cysylltodd gŵr o'r Almaen â mi. Roedd yn ddarlithydd mewn cerddoriaeth yn un o brifysgolion yr Almaen ac wedi dysgu'r Gymraeg. Ei ddiddordeb mawr oedd hanes Jane Williams, sef y ferch a anfarwolwyd yn y gân werin 'Yr Eneth Gadd ei Gwrthod'. Bu'n ymchwilio i'w hanes ers deng mlynedd a mwy gan archwilio'r dogfennau yn yr archifdy yng Nghaer, mynd trwy holl bapurau newydd y cyfnod yn drwyadl a hyd yn oed aros yn hen gartref Jane, Ty'n y Caeau yng Nghynwyd. Roedd wedi gwirioni'n lân ar y gân serch – y penillion a luniwyd iddi ar ôl ei marwolaeth gan John Jones neu Llew o'r Wern, gwas fferm o Wyddelwern.

Roedd ar ei wyliau ym Mangor a daeth i gysylltiad â'r diweddar Barchedig J. Aelwyn Roberts, gŵr a oedd yn ymwneud â'r byd ysbrydol ac wedi cyhoeddi amryw byd o lyfrau yn ymwneud â'r pwnc. Awgrymodd Aelwyn iddo gysylltu â mi a chefais ganiad ganddo'n holi a gâi ddod draw i'r Bala i fy ngweld. Roedd yr Almaenwr am i mi geisio cysylltu gyda Jane Williams yn y byd ysbrydol er mwyn cael rhagor o'i hanes ganddi hi ei hun.

Unwaith yn unig rwyf wedi cael cais fel hyn o'r blaen – pan ofynnodd rhywun i mi gysylltu gyda'i thad i'w holi pam na chafodd yr un ddimai goch ganddo yn ei ewyllys! Ond roedd cais yr Almaenwr yn wahanol ac yn anarferol iawn. Roeddem yn gwybod i Jane Williams gyflawni hunanladdiad ac roedd hi felly'n debygol iawn ei bod hi'n methu croesi'r ffin i'r byd ysbrydol ac yn gaeth rhwng y ddau fyd. Pe byddai'n cysylltu, yna, byddai'n bosib ei helpu a rhyddhau'r enaid coll hwn o'i rwymau.

Roedd gen i gwta wythnos i baratoi ac es i weld seicig arall, Gwen, i ofyn am ei chymorth. Eglurais wrthi am gais yr Almaenwr gan ei holi tybed a fyddai'n bosib i ni ofyn i'r lleian o Ganada, ysbryd gwarcheidiol Gwen, roi rhywfaint o help i ni. Cytunodd hithau. Fel y gwelwyd, mae'r ddawn gan Gwen i adael i ysbrydion ddefnyddio ei chorff i ysgrifennu yn ogystal ag i siarad drwyddi, felly gyda phapur a beiro ar ei gliniau, dyma ddechrau'r sesiwn. Gofynnais innau a fyddai'r lleian yn fodlon dod atom heno. Dechreuodd Gwen ar y gwaith o fynd i lesmair a chysylltu gyda'r byd ysbrydol.

Ymhen ychydig, teimlwn rywun yn fy meddiannu ac ar yr un pryd gwelwn law Gwen yn estyn am y beiro gan ddechrau ei symud yn ôl a blaen yn araf uwchben y papur, a'i llygaid ynghau. Gwelwn ysbryd y lleian yn datblygu yn fy meddwl, yna, dyma Gwen yn ysgrifennu

'Nun'. Dyma sydd yn digwydd bob tro ac wrth iddi ysgrifennu, weithiau mae'r llygaid yn agor ond llygaid pŵl, difywyd ydynt ac maen nhw'n oer wedi iddi ddod yn ôl o'r llesmair, dro arall nid ydynt yn agor o gwbl.

Dywedais wrth y lleian beth oedd fy nghais, ac atebodd drwy ysgrifennu, 'I will try and find her for you, but I will need to know the date when she drowned.' Roedd yr union ddyddiad gen i, sef Awst y cyntaf, 1868. Ciliodd y lleian a daeth Gwen allan o'r llesmair. Gwyddem y byddai ychydig o amser yn mynd heibio cyn y caem gyswllt eto, a dyma fynd i'r gegin i gael paned. Ymhen rhyw ddeng munud clywyd oglau carthffosiaeth cryf yn treiddio drwy'r ystafell. Yna'n sydyn, gwelwyd cysgod yn gwibio'n ôl a blaen ar bared talcen y stafell, a theimlwn rywun yn fy meddiannu. Gwelai Gwen beth oedd yn digwydd a gofynnais iddi fod yn barod i holi'r ysbryd am ei amgylchiadau. Rhoddais fy llaw chwith ar gefn fy llaw dde gan anadlu'n drwm dair gwaith, yna, meddiannwyd fi gan ysbryd merch ifanc, merch heb fod yn dal iawn a gwallt tywyll ganddi. Roeddwn yn ei byd hi'n gyfan gwbl, a chawn yr enw 'Jane Williams' arni. Roeddwn yn ei chorff hi ar lan afon lydan ac ar fin pwll mawr, du a dwfn. Yna, gwelwn lawer iawn o dai a thref fawr yn y cefndir, ond nid oedd gennyf syniad ym mhle'r oeddwn.

Gwelwn y ferch eto, ac roedd wedi tynnu ei dillad i gyd ar wahân i'w dillad isaf. Ni ddywedodd air a dechreuodd gerdded i'r pwll dwfn. Teimlwn ddŵr yn f'amgylchynu hyd nes i mi fynd o dan y dŵr. Roeddwn yn methu â chael fy ngwynt. Roeddwn yn boddi ac yn poeri ac yn pesychu. Clywais lais pryderus Gwen yn dweud wrth yr ysbryd, 'Stopia rŵan, tyrd allan o'r dŵr, dwyt ti ddim yn cael mynd i'r afon neu chei di ddim dod aton ni eto.' Cerddais yn fy ôl allan o'r afon a chododd ysbryd y ferch oddi arnaf. Ni chawsom siarad â hi o gwbl a chawn yr argraff ei bod mewn cyflwr meddyliol difrifol. Cawn yr argraff ei bod yn methu symud yn ei blaen i'r byd ysbrydol ac iddi fod yn y cyflwr yma ers bron i gant a hanner o flynyddoedd.

Penderfynwyd rhoi'r gorau iddi a thrio eto ar noson arall. Roedd hi'n amlwg erbyn hyn mai trwof fi y byddai Jane yn cysylltu yn hytrach nag ysgrifennu drwy Gwen. Aeth Gwen i Iesmair er mwyn cael caniatâd y lleian i gysylltu â Jane. Dyma'r lleian yn ysgrifennu, 'You have to stop her from going to the river!' Es innau i Iesmair am yr ail waith, a gwelwn yr un lluniau yn union ag o'r blaen – y ferch yn tynnu ei dillad uchaf ac yn mynd i'r afon. Gwelodd Gwen beth oedd yn digwydd wrth imi ddechrau crynu eto gan oerni'r dŵr a dyma hi'n dweud yn chwyrn wrth Jane, 'Stopia rŵan, ty'd allan o'r afon neu chei di ddim dod aton ni o gwbl os wyt ti'n dal i fynd i mewn i'r dŵr.' Cerddais yn ôl drachefn o'r afon a dyma hi'n dechrau siarad trwof a theimlwn yn fileinig a chwyrn am rywbeth, er nad oeddwn yn gwybod am beth ar y pryd. Meddai'r ferch yn ddirmygus a milain, 'Mae o'n ddyn capel mawr a phwysig. Mochyn ydi o a rhagrithiwr a dwi'n ei gasáu o.'

Cawn yr argraff mai sôn am ei thad yr oedd ac fe'i gwelwn o yn y cefndir, ond ni fedrwn ei weld yn iawn; rhith ohono yn unig a welwn, er y gwyddwn, rhywsut, mai ei thad oedd yno. Yna diflannodd Jane yn ddirybudd heb i ni gael y cyfle i wybod mwy am ei hamgylchiadau. Byddai'n rhaid ceisio eto ac erbyn hyn roedd hi'n amlwg fod Jane eisiau dweud beth oedd yn ei phoeni, ond ei thawelu rhywfaint oedd y nod fel ein bod yn gallu cyfathrebu â'n gilydd.

Dyma geisio am y trydydd tro. Daeth y lleian atom eto gan ysgrifennu drwy Gwen, 'She keeps going to the river, you have to stop her, be stern with her!' Gwyddwn o brofiad y byddai'n rhaid i mi ei thrafod yn ofalus iawn. Nid oedd posib dweud y drefn wrthi gan y byddai hynny'n gallu chwalu'r cysylltiad rhyngom am byth. Gwelwn yr un lluniau eto o'r ferch yn sefyll ar lan afon. Dechreuodd fynd i'r dŵr eto a gwyddai Gwen beth oedd yn digwydd, a dyma hi'n dweud wrthi hi yn chwyrn y tro hwn, 'Paid â mynd i'r dŵr, ty'd yn ôl!'

Fe wrandawodd y tro hwn ac arhosodd ar lan yr afon. Yna, treiddiodd mileindra a chasineb mawr trwof. Am y tro cyntaf, cefais luniau o'r hyn a oedd yn ei phoeni, math o luniau nad oeddwn wedi eu cael o gwbl wrth ymdrin â'r byd ysbrydol o'r blaen a lluniau a'm gwnaeth yn anghysurus iawn, a dweud y lleiaf. Dyma Jane unwaith eto yn mynd yn chwyrn gan ladd ar ei thad a'i alw'n rhagrithiwr ac yn fochyn. Teimlwn yn fileinig iawn tuag ato – ei thad a phobl y capel a oedd yn gysylltiedig ag o. Yna gwelwn pam roedd y fath gasineb gan Jane. Dyma hi'n rhoi llun o'i thad ei hun yn ei threisio i mi. Digwyddodd hyn lawer iawn o weithiau dros y blynyddoedd ac roedd Jane wedi beichiogi sawl gwaith, a chawn lun ohoni yn erthylu'r plant bob tro. Ac meddai wedyn, yn chwyrn o wawdlyd, 'Mi ddaru Llew ei roi o'n ei le, yn do, a'r bobol capel.' Cyfeiriad, o bosib, at y penillion gan Llew o'r Wern, 'Yr Eneth Gadd ei Gwrthod', a'u bod wedi codi stŵr go iawn yn ei theulu. A dyna'r cyfan a gafwyd ganddi. Ni chefais ei holi gan ei bod wedi terfynu'r cysylltiad a diflannu, ond roedd wedi dangos i ni bellach beth yn union oedd yn ei phoeni a pham na allai groesi i'r ochr draw. Wedi'r cwbl, yr ysbryd sy'n rheoli'r cyfarfodydd hyn bob tro, ac nid y cyfryngydd.

Erbyn y tro nesaf i ni gyfarfod â Jane roeddwn wedi paratoi cwestiynau i Gwen i'w gofyn iddi hi. Dyma fynd drwy'r broses eto o gysylltu gyda'r lleian iddi roi ei chaniatâd i ni i gysylltu â Jane. Y tro hwn, nid llun o'r afon a gawn. Gyda'r casineb mawr at ei thad yn y cefndir, dangosodd lun bachgen ifanc yn ei ugeiniau i mi, a chawn yr argraff fod ganddi feddwl mawr ohono. Cawn yr enw 'Pen y Geulan' mewn cyswllt ag o – un ai roedd yn was yno neu roedd y lle yn gartref iddo. Cawn yr argraff hefyd fod y lle hwn yng nghyffiniau Ty'n y Caeau, cartref Jane yng Nghynwyd. Roedd mwy i ddod. Ei enw oedd 'Jac Dafydd' ac roedd yn gariad i Jane. Cawn yr argraff nad oedd ei thad yn fodlon o gwbl ei bod yn ffrindiau gydag o a chawn yr argraff yn ogystal fod hyn yn destun sawl ffrae rhwng y ddau. Maes o law, beichiogwyd Jane unwaith yn rhagor ac aeth yn helynt mawr arall rhyngddi hi a'i thad; rhôi yntau'r bai ar Jac Dafydd am ei beichiogi. Ond fe gollodd y plentyn.

Daeth yn glir fod yn rhaid i ni geisio bod o gymorth i Jane i groesi i'r byd nesaf gan ei bod yn gaeth rhwng y ddau fyd ac mewn cyflwr meddyliol ansefydlog iawn. Roedd un ffordd o geisio ei chael i wneud hynny, sef dod o hyd i fam Jane, cysylltu gyda hi drwy'r lleian er mwyn iddi dywys ei merch dros y ffin gan obeithio y byddai hynny hefyd yn ein galluogi i holi am hanes Jane. Cawsom wybod gan y lleian y byddai yna bosibilrwydd cryf y byddai hyn yn digwydd. Ar ôl cryn ymchwil, dyma ddod o hyd i wybodaeth am ei mam. Ei henw oedd Elizabeth Williams a bu farw yn 1849 pan oedd Jane yn bedair oed. Erbyn hyn, roedd ymweliad yr Almaenwr yn agosáu, ac roedd Gwen a minnau'n gwybod yn iawn beth i'w wneud.

Yng nghwmni'r Almaenwr, dyma gychwyn ar y cysylltu wrth i Gwen fynd i lesmair ac yna, drwy'r lleian, estyn gwahoddiad i Elizabeth Williams i feddiannu ei chorff. Ni wyddem a oedd hyn yn mynd i weithio ond roedd yn rhaid ceisio bod o gymorth i Jane i groesi i'r byd ysbrydol. Eisteddem wrth fwrdd y gegin ac roedd Gwen wrth fy ochr i gyda'r papur ysgrifennu a'r beiro yn barod, rhag ofn mai drwy ysgrifennu y byddai'r fam yn cyfathrebu. Ond fe ddigwyddodd rhywbeth hollol newydd a difyr i mi a Gwen yn ystod y sesiwn hynod hon. Es i lesmair ysgafn, gan wahodd Jane i fenthyg fy nghorff dros dro unwaith eto, ac ar yr un pryd, gofynnais i ysbryd Elizabeth, mam Jane, feddiannu corff Gwen dros dro fel y medrai'r fam a'r ferch gysylltu â'i gilydd.

Teimlais rywun yn fy meddiannu ac yna datblygodd llun Jane Williams yn hollol glir, a'r tro hwn roedd ei hagwedd a'i gwedd wedi newid am y tro cyntaf ers i ni ddechrau cysylltu â hi. Roedd golwg dawelach arni ac nid oedd yr ymdeimlad o gasineb mawr yno bellach. Eglurais wrthi ein bod wedi gofyn i'w mam ddod atom i fynd â hi gyda hi i'r ochr draw. Roedd Gwen hithau wedi mynd i lesmair a dyma'i llaw yn estyn am y beiro gan symud yn ôl a blaen yn araf uwchben y papur. Roeddwn i yn cadw cyswllt gyda'r ddwy. Yna, dyma Gwen yn ysgrifennu, 'Elizabeth Williams. Lle mae Jane? Dwi isio Jane.' Atebais innau drwy ddweud wrthi, 'Croeso yma aton ni, Elizabeth, diolch am ddod draw.' Gofynnodd, 'Lle mae Jane?' eto. 'Mae Jane gyda mi ar hyn o bryd, mi gei di fynd â hi efo chdi ymhen ychydig.'

Ar hynny, ac yn hollol annisgwyl, fe'm meddiannwyd gan ysbryd Jac Dafydd hefyd. Fe wisgai siwt frethyn dda o liw gwyrdd golau a chap stabal newydd o'r un lliw. A dywedodd gyda dirmyg yn ei lais, 'Roedd Jane yn feichiog unwaith eto pan ddaru hi gael ei throi o'i chartre ac roedd ei thad yn fy meio i, ond nid y fi oedd bia'r plentyn, ond ei thad hi oedd bia fo.' Ysgrifennodd mam Jane eto, 'Lle mae Jane? Dwi isio Jane,' a chawn y teimlad ei bod yn fyr

37

YR ENAETH
CA'DD EI GWRTHOD.

Ar lan 'r hen afon Ddyfrdwy ddofn,
  Esteddai glan forwynig,
Gan ddystaw sisial wrthi ei hun—
  "Gadawyd fi yn unig,
Heb gar na chyfaill o fewn y byd,
  Na chartref, chwaith, fyn'd iddo ;
Drws ty fy nhad sydd wedi ei gloi—
  'Rwy'n wrthodedig yno !

" Mae bys gwaradwydd ar fy ol
  Yn nodi fy ngwendidau,
A llanm 'mywyd wedi ei droi
  A'i gladdu dan y tonau ;
Ar allor chwant aberthwyd fi,
  Do, collais fy morwyndod,
A dyna'r achos pa'm yr wyf
  Fi heno wedi'm gwrthod.

2

Ti frithyll bach sy'n chwareu'n llon,
    Yn nyfroedd glan yr afon,
Mae genyt ti gyfeillion fyrdd
    A noddfa rhag gelynion ;
Cei fyw a marw o dan y dw'r
    Heb un dyn dy adnabod—
O ! na chawn inau fel tydi,
    Cael marw—ac yna darfod !

'Ond' hedeg mae fy meddwl prudd,
    I fyd sydd eto i ddyfod,
A chofia dithau, fradwr tost,
    Rhaid i ti fy nghyfarfod !
Ond meddwl am dy eiriau di
    A byw sydd i mi'n ormod,
O afon ddofn, derbynia fi ?
    Caf angau yn dy waelod !

A boreu dranoeth, cafwyd hi
    Yn nyfroedd oer yr afon,
A darn o papyr yn ei llaw,
    Ac arno yr ymadroddion :—
" Gwnewch i mi fedd mewn unig fan—
    Na chodwch faen na chyfnod
I nodi'r fan lle gorwedd llwch
    Yr Eneth gadd ei Gwrthod."

'Yr Eneth Gadd ei Gwrthod' o lyfryn baledi o'r bedwaredd ganrif ar bymtheg (trwy ganiatâd Llyfrgell Genedlaethol Cymru).

ei hamynedd. Mentrais ofyn iddi, 'Be oedd cysylltiad Jane efo'i thad?' Yn rhyfeddol, daeth yr ateb, 'Roedd o'n ei threisio o hyd.' Gofynnais ymhellach, 'Oedd hi'n geni plant?' 'Nac oedd, eu colli bob tro,' meddai'r fam.

Roedd yr Almaenwr, ac yntau wedi dysgu'r Gymraeg, yn deall pob gair. Eglurais wrth ysbryd y fam pam ei fod yma: 'Mae yna ddyn dieithr yma efo ni, dwyt ti ddim yn ei nabod o ond mae ganddo fo ddiddordeb mawr yn hanes dy ferch, Jane.' Dyma'r ysgrifen yn ymddangos wrth i'r fam barhau i gyfathrebu gyda ni a'r geiriau a welwyd oedd, 'Dwi'n nabod o.' Eglurais innau, 'Na, dwyt ti ddim yn ei nabod o, mae o'n dod o wlad arall, gwlad bell ...' ond parhaodd i ysgrifennu, 'Mi dwi yn ei nabod o.'

Yna, digwyddodd rhywbeth newydd sbon yn fy hanes gyda'r byd ysbrydol, a gofynnais iddi, 'Sut wyt ti'n ei nabod o? Ai Jac Dafydd ydi'r gŵr diarth sydd gyda ni yma, wedi dod yn ôl i'n byd ni?' Daeth yr ateb, 'Yn gywir, dwi isio Jane.' A thrwy Gwen, dyma ysbryd Elizabeth yn estyn ei llaw chwith gan gydio yn fy llaw dde a'i thynnu ar fy nhraws at Gwen. Cododd Jane oddi arnaf, ac ar yr un pryd, diflannodd ei mam oddi ar Gwen a daeth y ddau ohonom allan o'r llesmair gyda'n gilydd. Roedd Elizabeth wedi mynd â'i merch gyda hi i'r byd ysbrydol. Ac er na chawsom sgyrsiau o gwbl gyda Jane fel y bwriadwyd, roeddem yn fodlon gyda'r hyn a ddigwyddodd.

Roedd yr Almaenwr yn gegrwth. Nid oedd wedi gweld y fath beth yn digwydd erioed o'r blaen. Yn bersonol, ni wn i unrhyw beth o gwbl am ailddyfodiad i'r ddaear yng nghorff rhywun arall, ond mae'r hyn a ddywedodd mam Jane yn rhoi eglurhad i ni, o bosib, pam roedd gan y gŵr o'r Almaen gymaint o ddiddordeb yn ei hanes.

Es ati i ymchwilio mwy am rai o'r manylion a gafwyd yn ystod y cyfarfodydd hynny gyda Jane a'i mam. Y rheswm mwyaf tebygol pam i ni gael aroglau carthffosiaeth cryf drwy'r tŷ ar y cychwyn oedd gan fod carthffosiaeth Caer, o bosibl, yn llifo'n amrwd i afon Dyfrdwy, lle y boddwyd Jane, yn yr oes honno. Er na wyddem hynny ar y pryd, mae fferm Pen y Geulan (a gafwyd wrth sôn am Jac Dafydd, cariad Jane), ar ochr afon Dyfrdwy yng Nghynwyd a heb fod ymhell o Dy'n y Caeau, cartref Jane. O ran y penillion, yn wreiddiol, lluniodd Llew o'r Wern (John Jones) bum pennill i 'Jane Williams, Ty'n y Caeau', ac fe'u cenid ar hyd a lled y wlad am flynyddoedd lawer – yn wir, mae'r faled yn parhau'n boblogaidd heddiw. Mae ei thad yn cael lle blaenllaw yn y fersiynau cynharaf o'r faled a gyhoeddwyd mewn pamffledi poblogaidd o'r bedwaredd ganrif ar bymtheg ymlaen.

Cyn i Llew o'r Wern lunio'r penillion, mae'n rhaid bod y gymdogaeth ac yntau yn amau os nad yn gwybod beth oedd yn mynd ymlaen yn Nhy'n y Caeau. Gellir dychmygu i'r gerdd greu cryn gynnwrf yn lleol, yn enwedig i deulu Jane Williams, ac o ganlyniad hepgorwyd rhai penillion. Eto, mae'r ddau bennill cyntaf yn awgrymu'n gryf i berthynas Jane a'i thad fod ar chwâl cyn iddi farw. Cefais hyd i wybodaeth am hwnnw hefyd, sef William Williams,

Ty'n y Caeau. Yn 1902, cyhoeddwyd y gyfrol *Hanes Methodistiaeth Dwyrain Meirionnydd* dan olygyddiaeth y Parch. W. Williams, Glyndyfrdwy, gan y Cyfarfod Misol yn y Bala. Ynddi ceir brawddeg yn disgrifio William Williams, Ty'n y Caeau, wrth adrodd hanes Cynwyd: 'Athraw defnyddiol yn yr Ysgol Sul, cyfarwydd yn yr athrawiaeth; ond cras ei lais.'

9

PLANT AC YSBRYDION

Yr ysbryd cenfigennus

Mae gan blant ffordd arbennig o gysylltu gydag ysbrydion, ac fel yr egluraf yn y rhagymadrodd, pan fo plentyn yn siarad ag unigolyn anweledig neu ffrind dychmygol, mae'n bosib iawn mai ysbryd yw'r unigolyn hwnnw.

Roedd merch fach deirblwydd oed o'r enw Lois wedi dechrau chwarae gyda rhywun yn ei stafell; bachgen o'r enw 'Meirion' meddai wrth ei mam. Ni wyddai ei mam ai dychymyg Lois oedd ar waith, neu a oedd hi'n 'gweld' rhywun yno, ac wrth i'r sgwrsio ddigwydd yn amlach, dechreuodd boeni amdani. Ac yn wir, un diwrnod dechreuodd pethau rhyfedd iawn ddigwydd yn y tŷ. Gwelodd y fam olion tri bys – tua thair i bedair modfedd o hyd – ar y drych yn y stafell fyw, ac er iddi lanhau'r olion bysedd, roeddynt yn ailymddangos ymhen rhai oriau wedyn. Ddyddiau'n ddiweddarach, dechreuodd rhyw ddrewdod trwm dreiddio trwy'r tŷ. Yna, un min nos dechreuodd drws y twll dan grisiau agor a chau heb ddim rheswm yn y byd, gyda nerth a chlecian uchel, cymaint felly fel yr holltodd un o'r paneli. Ond digwyddiad a ddychrynodd y teulu'n ddirfawr oedd pan ddisgynnodd drych o'r wal yn stafell wely'r rhieni, gan chwalu'n deilchion. Y diwrnod canlynol, a'r fam yn tacluso gwely Lois, fe ddarganfuwyd darnau mân o wydr yn ei gwely. Sut ar wyneb y ddaear yr oedd y gwydr wedi mynd yno? Rai dyddiau wedyn, tua hanner awr wedi deg y nos ac yng ngŵydd y rhieni, dechreuodd tair drôr mewn cwpwrdd yn y stafell fyw agor a chau, un ar ôl y llall, a chaent eu cau gyda nerth fel eu bod yn clecian dros y lle. Roedd hyn yn ddigon i'r teulu bach ac ni fedrent aros yno mwyach.

Gofynnwyd i mi fynd i'r tŷ a cheisio cael gwared â'r hyn oedd yno. Gofynnais iddynt beidio â dweud wrthyf ym mhle'r oedd yr ysbryd i'w deimlo gryfaf gan fy mod eisiau ei ddarganfod fy hun. Y noson honno – yng nghwmni'r teulu ac ambell i ffrind – es i stafell wely'r rhieni'n gyntaf. Teimlais bresenoldeb ysgafn yno, ond dim byd llawer. Yna, yn llofft Lois, cychwynnodd yr iasau o ddifri. Cawn bresenoldeb cryf iawn, cymaint felly fel i mi deimlo'n feddw a bu'n rhaid i mi bwyso ar y wal i sadio fy hun am rai munudau. Roeddwn eisoes wedi gofyn i'm prif ysbryd gwarcheidiol sicrhau na ddôi niwed i unrhyw un. Fy mhrif ysbryd gwarcheidiol yw'r Uwch-offeiriad o Wlad Groeg, a daeth ataf yn syth i gadarnhau y byddai pob dim yn iawn.

Ond fe wnes gamgymeriad y noson honno. Wrth i mi

fynd i lesmair, gofynnais i fy ysbryd gwarcheidiol – yr Uwch-offeiriad o Wlad Groeg – ymddangos fel bod y gweddill a oedd gyda mi yno yn ei weld hefyd. Ac wrth i'r ysbryd fy meddiannu, daeth sgrech uchel gan un o'r cwmni. Dois allan o'r llesmair. Roedd mam Lois wedi ei pharlysu gan ofn ac ni fedrai symud. Roedd hi wedi gweld fy ysbryd gwarcheidiol yn sefyll wrth fy ochr a hwn oedd yr ysbryd cyntaf iddi ei weld erioed. Rhoddais fy nwylo am ei phen am ychydig a daeth ati ei hun ond roedd wedi cael braw eithriadol, a diflannodd ei ffrind i lawr y grisiau.

Ymhen ychydig ar ôl i bethau dawelu es yn ôl i lesmair. Fe'm meddiannwyd gan ysbryd gŵr ifanc, hogyn tal oddeutu ugain i ddwy ar hugain oed. Erbyn hyn, roeddwn wedi rhoi cyfarwyddiadau i'r cwmni sut i holi'r ysbryd coll pe bai'n fy meddiannu. Cawn yr argraff gan yr ysbryd iddo adael y byd hwn yn rhy sydyn ac yn gwbl ddirybudd, ac, o'r herwydd, nid oedd o'n gallu croesi i'r ochr draw. Roedd pob man yn ddu ac nid oedd yn gallu symud yn ei flaen, a beth bynnag am hynny, nid oedd ganddo eisiau mynd o'r tŷ hwn am ryw reswm. Pan ddywedodd o hynny, mi wyddwn yn syth y byddwn yn cael cryn drafferth gyda'r enaid coll yma. Yna, dechreuodd yr ysbryd wylo a chawn y teimlad o emosiwn dwfn yn fy meddiannu. Roedd y dagrau yn llifo i lawr fy ngruddiau a dywedodd drwydda i wrth y fam, 'Paid â deud wrth Mam! Paid â deud wrth Mam!' Roedd Lois, y ferch fach, wedi dweud wrth ei mam iddo ddweud yr union eiriau hynny wrthi hithau.

Cesglais mai neges hyn oedd ei fod yn gofyn i ni beidio â dweud wrth ei fam o ei hun. Ond, yn amlwg, nid oeddem yn gwybod pwy oedd o na'i fam. Tawelodd yr ysbryd wedyn, cyn cilio oddi arnaf, ond gwyddwn yn iawn nad oeddwn wedi llwyddo i gael gwared ag o ac y byddai'r trafferthion yn parhau ac o bosibl yn dwysáu.

Dwy noson yn ddiweddarach, cefais alwad ffôn i fynd yn ôl yno gan fod pethau'n dal i ddigwydd yno ac yn gwaethygu. Erbyn hyn, roedd y teulu ar dân eisiau cael gwared â'r ysbryd, yn enwedig pan ddigwyddodd rhywbeth nad oeddwn i erioed wedi ei weld yn digwydd o'r blaen. Roedd olion y tri bys yn parhau i ymddangos ar y drych yn y stafell fyw gan ddychwelyd bob tro ar ôl eu glanhau. Ond dechreuodd rhywbeth a roddai fwy fyth o fraw i'r teulu. Roedd y tad wedi bod yn teimlo rhywbeth yn pwyso ar ei gefn a phan dynnodd ei grys, roedd yr un olion bysedd yn berffaith glir ar ei groen, yn union yr un fath â'r rhai a oedd yn ymddangos ar y drych, ac fe'i gwelais fy hun.

Synhwyrwn fod yr ysbryd yn casáu'r tad, ond ni wyddwn am ba reswm ar y pryd. Yn raddol – ac ar ôl bod yno sawl gwaith yn ceisio cael yr ysbryd i groesi – cawn yr argraff fod yr ysbryd wedi cymryd at y fam yn fawr iawn ac felly'n genfigennus o'r tad. Gofynnais i brif ysbryd gwarcheidiol y tad ddod atom gan ofyn am gymorth i warchod y teulu rhag y bobl o'r tu hwnt. Gwelwn wraig oedrannus yn dod ataf ac yn fy meddiannu, gwraig fechan wedi ei chwmanu gan henaint. Dywedodd wrthyf mai ei henw oedd 'Margred'. Gofynnodd y tad iddi, 'O ble ti'n dod?' 'O Landudno,' atebodd hithau. Yn wir, roedd gan y tad deulu'n byw yn Llandudno. Bu'r ysbryd gwarcheidiol yma gyda ni trwy gydol y sesiynau seicig ar ôl hynny.

Ond aeth pethau o ddrwg i waeth, a digwyddiadau rhyfedd bellach yn mynd ymlaen ym man gwaith y tad a oedd ryw ugain milltir i ffwrdd o gartref y teulu. Dechreuodd y golau grynu, yna diffodd a dod ymlaen ar ei ben ei hun, a chlywid sŵn clecian yn diasbedain trwy'r lle heb unrhyw esboniad. Byddai'r olion bysedd yn ymddangos ar gefn y tad yn amlach, a phan ddaeth yn ôl o'i ginio yn ei waith un diwrnod, roedd tair cyllell fwrdd wedi eu gosod ochr yn ochr â'i gilydd yn daclus ar y llawr. Ond roedd ei offer gwaith ar wasgar ym mhobman ac wedi eu chwalu'n llwyr.

Wrth i'r teulu esbonio hyn oll, sylweddolais fod arwyddocâd, am ryw reswm, i'r rhif tri ymysg yr holl ddigwyddiadau rhyfedd oedd yn digwydd iddynt. Roedd y rhif hwnnw'n clymu popeth, ac yn cadarnhau, i bob pwrpas, mai'r un enaid clwyfus oedd yn gyfrifol am yr hyn oedd yn digwydd yn y man gwaith yn ogystal â'r tŷ.

Pan oedd y tad yn gweithio drwy'r nos un noson, cafodd y wraig ei deffro gan rywun neu rywbeth a dynnodd ddillad y gwely i ffwrdd yn gyfan oddi arni. Roedd pethau wedi gwaethygu yn arw, a gwyddwn yn iawn erbyn hyn mai cenfigen yr ysbryd tuag at y gŵr a'r ffaith ei fod wedi cymryd at y wraig a mam Lois oedd yn gyfrifol am yr ymddygiad brawychus. Roeddwn wedi methu â'i gael i adael y tŷ yn y ffordd arferol ac roedd yn rhaid i mi geisio cael un o'i berthnasau o'r ochr draw i ddod atom i'w nôl. Cawn yr argraff bod ei nain ar ochr ei fam wedi croesi, felly dyma geisio cysylltu gyda hi.

Gan fod y ddawn i gyfathrebu gyda'r byd ysbrydol gan y rheini hefyd, gofynnais i'r tad fy ngwylio'n ofalus ar ôl i mi fynd i lesmair. Eglurais fy mod am ofyn i nain yr ysbryd ddod atom, ac nad oeddwn am fynd i lesmair dwfn gan fy mod eisiau gweld beth oedd yn mynd ymlaen yn y ddau fyd ar yr un pryd. Y bwriad oedd gofyn i nain yr ysbryd fynd ag o gyda hi i'r ochr draw. Ymhen ychydig gwelwn ddynes weddol fyr gyda gwallt du yn ymddangos gan ddod ataf ac yn fy meddiannu; ar yr un pryd gwelwn yr ysbryd a oedd yn eu poeni yn y tŷ yn ymddangos a bu iddo yntau fy meddiannu hefyd. Cawn yr argraff bod pethau yn mynd i weithio. Ac yn wir, ymddangosodd dynes gyda gwallt du cyrliog ar fy ochr chwith a'r hogyn ifanc, tal, ar fy ochr dde. Roeddynt i'w gweld yn blaen i'r rhieni hefyd. Eglurais wrth yr ysbryd fod ei nain wedi dod atom i'w fynd ag o gyda hi i'r ochr draw.

Ni ddywedodd y nain na'i hŵyr yr un gair. Dyma hi yn gafael yn fy llaw dde ac yn ei rhoi ar fy llaw chwith gan gydio'n dynn ynddi. Cafodd fy llaw ei thynnu ar draws fy nghorff o'r dde i'r chwith nes bod fy mraich wedi cael ei hymestyn oddi wrthyf. Ar hynny, fe gododd y ddau enaid oddi arnaf ac, mewn amrantiad, newidiodd yr awyrgylch yn llwyr drwy'r tŷ. Bellach, roedd yr holl adeilad yn ysgafn a chynnes ac roedd y trymder wedi ei godi oddi yno yn gyfan gwbl.

Er ein bod wedi cael gwared â'r ysbryd cenfigennus, gwyddwn o brofiad nad dyma ddiwedd ar drafferth y teulu. Roeddynt yn agored iawn i'r bobl o'r tu hwnt i gysylltu gyda hwy, ac nid oedd ganddynt ddigon o brofiad i'w harbed rhag eu meddiannu. Ymhen rhyw bythefnos daeth galwad arall i fynd yno. Roedd Lois, y ferch fach, yn honni wrth ei rhieni bod hogyn bach o'r enw 'Huw' yn dod ati i chwarae yn ei stafell wely – yn ogystal â dyn o'r un enw ar adegau eraill. Es i draw i stafell wely Lois a mynd i lesmair deufyd. Fe'm meddiannwyd gan ŵr canol oed a dywedodd wrthyf mai 'Huw' oedd ei enw. Roedd tad Lois gyda mi, ac wrth iddo yntau weld yr ysbryd yn sefyll y tu ôl i mi, cafodd fraw eithriadol a rhedodd allan o'r stafell. Eglurais wrtho nad oedd unrhyw niwed yn mynd i ddod i'n rhan gan fod ein hysbrydion gwarcheidiol yn gofalu amdanom.

Rhoed y gorau iddi am y noson wedi hynny gan drefnu dyddiad arall. Aethom drwy'r un drefn y tro hwnnw, ac fe'm meddiannwyd gan yr un ysbryd, 'Huw'. Ond y tro hwn, cawn yr argraff nad oedd enaid y creadur yn ei iawn bwyll o gwbl. Nid oedd yn filain nac yn ddrwg, dim ond rhyw deimlad nad oedd chwaith yn hollol iawn. Yn sydyn, fe'i gwelwn yn newid o fod yn ddyn canol oed i blentyn. Dyma'r plentyn yr oedd Lois yn chwarae gydag o yn ei stafell wely, ond hefyd cawn gan yr ysbryd mai'r un un oedd y gŵr canol oed a'r plentyn. Yn rhyfeddol, gallai'r ysbryd newid ei ffurf a mynd yn ôl yn blentyn fel y mynnai. Yr un un oedd y ddau ac mae hyn wedi digwydd gydag eneidiau eraill mewn mannau eraill hefyd.

Er mwyn ei gael i groesi'r ffin gofynnais iddo a oedd yn gweld y golau mawr yng nghornel ddwyreiniol y stafell, ac atebodd gan ddweud ei fod yn ei weld yn glir. Dywedais wrtho am fynd tuag at y golau gan fod yno rai o'i deulu yn aros amdano i ddod atynt. Ar hynny, llaciodd y tyndra, diflannodd y teimlad cas a thrwm a threiddiodd awyrgylch ysgafn a hapus drwy'r tŷ. A gwyddwn fod yr enaid hwn hefyd wedi mynd i'r ochr draw ac na fyddai'n creu ofn a thrafferth yn y tŷ hwn byth mwy, a hyd yn hyn mae pob dim yn dawel yno.

Y ffermwr tal

Canodd y ffôn gyda chymdoges i mi o'r enw Enid wedi cynhyrfu ac eisiau i mi fynd yno cyn gynted â phosib. Roedd ganddi blentyn, tua dwy a hanner oed, ac ar waelod grisiau'r tŷ roedd giât i atal y plentyn rhag dringo'r grisiau. Ar frig y grisiau, roedd giât ar y pen hwnnw hefyd, rhag ofn i'r plentyn ddisgyn i lawr y grisiau yn y nos gan ei fod yn codi weithiau i fynd i stafell wely ei rieni.

Un prynhawn, roedd y bychan wedi mynd i gysgu ar y soffa, fel yr arferai, a rhoddodd y fam flanced drosto. Aeth hithau i lanhau'r stafelloedd gwely, gan gau'r giatiau'n dynn ar ei hôl. Nid oedd ond newydd ddechrau ar y glanhau pan glywodd ei mab bach yn gweiddi, 'Mam!'

a'i lais yn agos iawn. Yno, ar y landin, roedd y bychan gyda'i fraich wedi ei dal oddi wrtho fel pe bai'n cydio yn llaw rhywun anweledig. Fe'i cododd i'w breichiau ac aeth iasau dwfn o fraw trwyddi. Roedd y giât ar ben y grisiau wedi ei chau, felly hefyd y giât ar eu gwaelod. Nid oedd yn bosib iddo ddringo dros y giatiau gan eu bod yn rhy uchel. Sut yn y byd y llwyddodd i ddod i fyny'r grisiau? Aeth i lawr y grisiau gyda'r bychan yn ei breichiau a chafodd fraw arall. Fel arfer pan fyddai'r bychan yn deffro ac yn codi o'r soffa, byddai'n cicio'r flanced ar y llawr yn flêr, ond heddiw roedd wedi cael ei lapio a'i rhoi yn ôl ar y soffa yn daclus.

Cerddais i'r tŷ a dechreuodd yr iasau grynhoi ynof yn syth fel yr awn i'r stafell fyw lle'r oedd y soffa. Fel y dywedai Enid yr hanes gwelwn ffurf gŵr main, tal, yn datblygu, ac yna yn fy meddiannu. Gan na wyddwn ddim oll amdano na phwy oedd o ar y pryd, roeddwn am ei gadw hyd braich gan geisio cael gwybod ganddo pam ei fod wedi ymyrryd gyda'r plentyn yn y tŷ. Fel y datblygai'r ysbryd fe'i gwelwn yn gliriach o lawer a chefais innau dipyn o syndod hefyd. Mi wyddwn yn iawn pwy oedd y dyn tal. Roeddwn yn ei adnabod pan oedd ar y ddaear ac roedd wedi croesi i'r byd ysbrydol ers tuag ugain mlynedd neu fwy. Roedd yn ffermwr lleol ac yn dod i dref y Bala bob dydd Iau gyda'i wraig. Safai yno yn dawel o'm blaen. Nid oedd yn danbaid o gwbl a gwyddwn ei fod yn ŵr o gymeriad addfwyn pan oedd ar y ddaear, ac felly yr oedd o rŵan hefyd. Dechreuais ei holi yn dawel, 'Sut hwyl sy arnoch chi heddiw? Pam eich bod wedi dod yma ac wedi ymyrryd efo'r hogyn bach? Dech chi 'di rhoi braw mawr i'w fam o.' Bu tawelwch am ysbaid; cymerai beth amser i gwestiynau dreiddio i'r tu hwnt. Cawn y teimlad ei fod yn difaru dychryn Enid. Ymhen ychydig dechreuodd siarad trwof fi – drwy fy meddwl, a hynny mor glir â phe bai'n llefaru'n uchel. Meddai, 'Mae'n arw iawn gen i am ddychryn mam yr hogyn bach, ond dwi'n hoff iawn o blant ac ni fyddwn i fyth yn ei niweidio. Mae o'n blentyn bach hoffus iawn a dwi wrth fy modd efo fo.' Dywedais innau wrtho, 'Iawn, diolch ichi am ddod yma a does dim niwed wedi'i neud i neb. Ond ma'n rhaid ichi beidio â dod yma eto oherwydd eich bod yn rhoi braw i'r rhai sy'n byw yma. Iawn?' Bu'n dawel am ychydig a chawn yr argraff bod yna rywbeth yn ei boeni. Yna dywedodd, 'Dwi 'di bod yn hoff iawn o blant erioed ond nid oedd y wraig a minnau yn medru eu cael.'

Cawn yr argraff i hyn ei boeni'n arw a'i fod, o'r herwydd, wedi dotio at y bychan yn y tŷ. Roedd yn un o'r ysbrydion hynny sy'n gallu mynd a dod yn ôl ac ymlaen o'r byd ysbrydol i'n byd ni fel y mynnai. Daeth i'r ddaear heb ddim trafferth, ond bellach, roedd hi'n amser iddo groesi'n ôl i'r byd ysbrydol. Rhoddais gynnig ar ei berswadio eto: 'Ma'n rhaid ichi adael y tŷ 'ma rŵan a gadel llonydd i'r hogyn bach. Yn y byd ysbrydol dech chi i fod. A wnewch chi addo na ddowch chi yma eto?' gofynnais.

Nid atebodd ac aeth ei bresenoldeb yn wan iawn, ac yn sydyn diflannodd ond cawn yr argraff na fyddai yn ymyrryd yma eto. Wedi holi pobl oedd yn ei adnabod yn iawn a heb ddatgelu dim o'm profiad gydag o, cefais wybod nad oedd o a'i wraig yn gallu cael plant. Roedd hyn yn cadarnhau'r hyn a ddywedodd wrthym.

Moi Cae Pella'

Dro arall, daeth Enid draw i fy holi i fynd i'w chartref eto gan fod ei mab yn deffro tua phump o'r gloch bob bore, ac yn sgwrsio gyda rhywun yn ei stafell wely. Roedd yn siarad gyda'i ffrind, meddai wrth ei fam. Tra oedd Enid yn dweud yr hanes, cefais luniau o'r ysbryd yn syth a gwelwn ddyn bychan tew, yn gwisgo cap stabal, côt fach, a gwasgod gyda chadwyn oriawr yn mynd ar ei thraws ac i mewn i boced. Cawn yr argraff y dylwn fod yn ei adnabod, ond ni fedrwn ei gofio, ac er ei fod yn dangos ei hun yn glir i mi, ni fedrwn yn fy myw â chael ei enw er i mi geisio gofyn iddo. Disgrifiais y dyn wrth Enid a dywedodd, 'Mae'n debyg iawn i hen daid y bychan, ond dwi bron yn siŵr mai dyn tal oedd hwnnw.' Yn sydyn, cawn mai ei enw oedd Moi a syfrdanodd Enid gan ddweud mai Moi Cae Pella' oedd enw'r hen daid, a threfnais i alw mewn rhyw awr.

Pan gyrhaeddais, roedd Enid yn fy nghroesawu gyda llun o'r hen daid yn ei llaw. 'Rwyt ti'n hollol iawn,' meddai, 'dyn bychan, tew oedd o, ond doeddwn i ddim wedi'i weld o 'rioed, a ches i'r llun yma gan fy mam yng nghyfraith.' Dangosodd y llun i mi, a'r un person yn union oedd yn y llun â'r ysbryd a ddaeth gyda hi acw'r bore hwnnw. Ymhen dim, aethom i stafell wely'r plentyn ac es i lesmair ysgafn. Teimlwn rywun yn fy meddiannu, gyda'r iasau arferol yn troelli ar waelod fy asgwrn cefn ac yn teithio ar hyd y madruddyn i'm pen. Yna, cawn lun eglur o'r un gŵr a gefais pan oedd Enid acw, sef hen daid i'r bychan. Roedd o'n chwarae gyrru tractor gyda'r dyn yn y llofft bob bore, meddai wrth ei fam. Gofynnais i'r ysbryd, 'Moi, be ti'n neud yn y tŷ 'ma? Rwyt ti'n dychryn y teulu. Oes gen ti rwbeth i'w ddeud wrthyn nhw?' Dechreuodd yr ysbryd siarad trwof a dweud, 'Dwi'n falch iawn fod Siôn, yr ŵyr, wedi trwsio'r tŷ 'ma mor dda. Mae o wedi g'neud gwaith da iawn ar y lle 'ma, ac mae o'n daclus iawn gynno fo.' 'Ydi,' meddwn innau, 'ond pam wyt ti'n ymyrryd gyda'r plentyn yma? Mae'i fam a'i dad o yn ofnus ac yn poeni amdano.' 'Dwi wrth fy modd efo'r bychan. Mae o'n dangos ei dractor i mi ac yn chware efo fo ar ei wely a 'den ni'n cael sgwrs am y ffarm, y defed a'r gwartheg ac ati,' atebodd.

Ar hynny, ymunodd Enid, mam yr hogyn bach, â'r sgwrs, a gofynnodd i'r ysbryd: 'Wyt ti'n dal i fynd i'r capel o hyd?' Atebodd yntau'n ddigon dirmygus, 'Be wst ti am gapel, dwyt ti ddim yn twllu'r lle o gwbwl.' Terfynwyd y drafodaeth ar hynny. 'Ma'n rhaid iti roi'r gore iddi yn y tŷ 'ma rŵan,' meddwn. 'Wyt ti'n addo na 'nei di ddim dod yma eto?' 'Doeddwn i ddim yn meddwl dychryn neb yma, a dwi wrth fy modd yn cael sgwrs efo'r hogyn bach,' meddai. Dywedodd wedyn na fyddai yn ymyrryd eto, a diolchais iddo am ddod yno am dro. Roedd yr hen daid wedi cael dweud ei ddweud, ac ar ôl hynny tawelodd pethau a chafodd y teulu lonydd ganddo.

Ysbryd y gegin fach

Un peth yw gweld plant yn cyfathrebu gydag ysbrydion, peth arall yw sylweddoli mai plant a babanod *yw'r* ysbrydion hynny. Mae'n brofiad amhleserus iawn ond yn rhan o'm swyddogaeth fel cyfryngydd – a'u helpu hefyd, os gallaf, i groesi i'r ochr draw.

Roeddem yn nhŷ Enid ac aethom i stafell wely un o'r plant. Yn hon roedd un o'r merched yn cysgu, hogan fach bedair oed. Roedd hi wedi cael cegin fach blastig yn anrheg gan ei rhieni, ac roedd wrth ei bodd yn chwarae ynddi. Un diwrnod roedd y fechan yn chwarae yn y gegin fach, a chlywai ei mam hi yn sgwrsio gyda rhywun. Aeth i fyny'r grisiau yn ddistaw ac at ddrws y llofft. Roedd y drws yn agored, ac yn y stafell, roedd ei merch yn chwarae gyda merch fach arall. Arswydodd pan ddeallodd bod merch ddieithr yn y stafell; dychrynodd fwy byth pan sylweddolodd nad oedd y ferch ddieithr o gig a gwaed. Pan aeth Enid i'r llofft, rhedodd y ferch fach ddieithr i guddio y tu ôl i'r gegin blastig. Ni fedrodd gael hyd iddi er chwilio'n ddyfal. Pan holodd ei merch ynglŷn â'r ferch ddieithr, yr ateb a gafodd oedd mai ei ffrind oedd hi a'i bod yn dod yno i chwarae tŷ bach gyda hi o hyd. Bob yn hyn a hyn, clywai Enid sŵn sgwrsio a chwarae yn dod o stafell wely ei merch. Byddai'n gwrando ac yn ei gwylio'n dawel o ddrws y stafell ac unwaith neu ddwy, cafodd gip sydyn ar yr ysbryd. Ond byddai'n diflannu y tu ôl i'r gegin fach blastig bob tro. Roedd yn ysbryd plentyn hynod o swil.

Er i mi gael llun ohoni yn fy meddwl, ni ddaeth yn ddigon agos ataf i mi allu cael sgwrs gyda hi. Synhwyrwn ei bod yn deall Cymraeg a gofynnais iddi beidio ag ymyrryd yn y tŷ eto. Caf drafferth i gael ysbrydion plant i ddod yn ddigon agos ataf, ac fel arfer bydd merch â'r un ddawn yn cael gwell hwyl na fi gyda hwy.

Beth amser yn ddiweddarach, roeddwn ar ymweliad â thŷ mewn ardal arall yn y gogledd. Wrth fynd o amgylch y tŷ, sylwais ar gegin fach blastig oedd yn un o'r llofftydd. Holais wraig y tŷ a oedd hi wedi teimlo unrhyw bresenoldeb yn y stafell ac meddai, 'Ma' 'na ysbryd hogan fach yn hon. Dwi'n clywed Siân, fy merch, yn siarad ac yn chwarae efo rhywun o hyd, a dwi 'di gweld yr ysbryd yn mynd i guddio y tu ôl i'r gegin blastig 'na.' 'O ble gest ti'r gegin blastig 'ma?' gofynnais, ac fe'm trawyd yn syfrdan gan yr ateb: 'Mi ddaru ni'i phrynu hi i Siân gan deulu o ardal y Bala, lle o'r enw Cae Pella.' Tra bod plant daearol yn tyfu a'u teganau'n mynd yn rhy blentynnaidd iddynt, nid yw plant ysbrydol yn heneiddio dim. Yn achos y gegin fach hon, roedd y ferch ddieithr wedi mynd gyda hi i'w chartref newydd – a chael merch fach arall yn gwmni.

Llefain baban

Un tro, daeth merch ifanc ataf ac mi wyddwn fod y ddawn ganddi i gysylltu ag ysbrydion. Roedd hi wrthi'n paratoi ei chartref ar gyfer ei baban gan ei bod yn feichiog ac wedi prynu cot newydd. Ond un diwrnod, fe'i dychrynwyd yn ofnadwy. Clywodd sŵn babi yn crio o gyfeiriad y cyntedd, fel pe bai babi yno yn y tŷ gyda hi. Aeth draw at y cot a gweld dim. Roedd hyn yn digwydd yn amlach erbyn hyn – y llefain i'w glywed, ond pan oedd hi'n mynd at y llefain, roedd yn stopio'n syth. Un diwrnod, roedd y crio wedi mynd yn gryfach, a'r tro hwnnw, wrth iddi nesáu at y cot, parhaodd y crio a dechreuodd y cot ysgwyd heb unrhyw esboniad.

Pan es i at y tŷ, cawn bresenoldeb cryf pan oeddwn yn ymyl y drws a oedd yn arwain i'r stafell gyda'r cot. Es i lesmair ysgafn, a dechreuodd y lluniau ddatblygu. Roeddwn ychydig yn bryderus erbyn hyn – o'm profiad i, mi wyddwn fod y sefyllfa'n awgrymu bod plentyn neu faban wedi marw yn y tŷ yn weddol ddiweddar, ac eto, pe byddai hynny'n wir, byddai'r wybodaeth yn hysbys i bawb yn yr ardal. Fel yr oeddwn yn pendroni ynglŷn â sut i drafod y sefyllfa, daeth y lluniau yn hollol glir i mi a gwyddwn yn iawn beth oedd wedi digwydd, ond ni wyddwn sut i drafod hynny gyda'r ferch. Synhwyrodd hithau fod rhywbeth yn fy atal rhag trafod y mater. Gofynnodd, â'i llais yn llawn braw, 'Be sy'n bod? Oes 'na rywbeth annifyr yma? Fedri di ga'l ei wared o?' Nid oeddwn yn siŵr beth i'w wneud, ond atebais gan ddweud, 'Na, does yna ddim byd cas yma.' A mentrais, 'Ga'i ofyn cwestiwn personol iawn i chdi?' 'Cei siŵr,' atebodd. 'Dwi'n cael yr argraff dy fod ti wedi colli plentyn rai misoedd yn ôl. Wyt ti'n fodlon siarad am hyn?' Aeth yn syfrdan gan edrych arnaf yn gegrwth. Meddai, 'Dim ond y gŵr a finne sy'n gwbod am hyn, 'den ni ddim 'di deud wrth neb. Sut yn y byd wyt ti'n gwbod?' 'Dwi'n cael llunie,' meddwn, 'a dwi'n cael neges o'r crud.' Eglurais wrthi nad oedd angen iddi ddweud mwy os nad oedd hi'n gyfforddus gyda hynny. Ar ôl ychydig, dywedodd, 'Ma' pob dim yn iawn, dwi wedi colli'r babi. Doeddwn i ddim yn gwbod 'mod i'n disgwyl a daeth o'r groth yn ddirybudd, darn o waed, a dyna'r cwbl. Doeddwn i ddim mewn poen o gwbl.' Fel y dywedai hyn, aeth yr iasau yn gryfach trwof a chawn lun o rith plentyn newydd ei genhedlu yn y groth. 'Mi fydd pob dim yn iawn yma ar ôl hyn,' meddwn, 'mi gei di lonydd. Yr hyn sydd wedi bod yn digwydd gyda'r sŵn babi yn crio a'r cot yn cael ei ysgwyd ydi bod y plentyn a gollest ti yn eiddigeddus dy fod yn disgwyl eto, a dwi'n ca'l neges ganddo y bydd ei frawd neu'i chwaer rwyt ti yn ei gario rŵan yn cael ei eni yn hollol iach.'

Cafodd ysbryd y baban bach ddweud yr hyn a oedd yn ei boeni ac roedd yn fodlon croesi'r ffin. Ni ddaeth i'r tŷ i ymyrryd wedi hynny.

10

PROFIADAU O WELD O FLAEN LLAW

Y tŷ drws nesaf

Ambell waith, rwyf wedi cael y profiad o ragweld yr hyn a oedd yn mynd i ddigwydd, a dyna ddigwyddodd i mi un nos Sul. Tua un ar ddeg o'r gloch y nos, clywodd Eleanor a minnau sŵn mawr yn dod o'r tŷ drws nesaf a oedd hefyd yn wely a brecwast ar y pryd. Bloedd gan ddyn oedd y sŵn ac ar yr un pryd, clywsom sŵn ergydion trymion, fel pe bai rhywun yn disgyn i lawr y grisiau. Dyma ni'n dau yn dechrau poeni bod rhywun wedi cael codwm neu ddamwain fawr. Rhuthrais allan gyda'r bwriad o fynd i'r tŷ i gynnig cymorth, ond roedd pob dim yn dawel yno. Arhosais y tu allan am ychydig gan bendroni beth i'w wneud, ond nid oedd unrhyw smic i'w glywed na golau yn unman yno, felly es yn ôl i fy nhŷ i. Roedd y ddau ohonom yn methu â deall beth oedd wedi digwydd gan feddwl o ddifri bod rhywun wedi brifo'n arw. Pam nad oedd y bobl drws nesaf wedi codi ar ôl i rywun gael codwm i lawr y grisiau?

Y bore wedyn, ar y dydd Llun canlynol, es i yno i holi os oedd pawb yn iawn gan egluro i ni glywed sŵn ergydion trymion y noson flaenorol gan feddwl bod rhywun wedi cael codwn. Edrychodd pawb yn hurt arnaf gan ddweud bod popeth yn iawn yno. Dim ond un ymwelydd oedd yn aros yno gyda nhw am ychydig ddyddiau, ond roedd yntau'n iach hefyd. Es i oddi yno mewn dryswch llwyr ac yn methu â deall beth oedd yn mynd ymlaen.

Yn gynnar fore dydd Mawrth, canodd cloch y tŷ. Y wraig drws nesaf oedd yno wedi cynhyrfu'n lân. Roedd y dyn oedd yn aros gyda nhw wedi cael codwm i lawr y grisiau tua un ar ddeg o'r gloch y noson flaenorol. Roedd o'n gleisiau drosto ac wedi anafu ei asennau. Bu rhaid galw'r meddyg draw, ond yn ffodus, nid oedd wedi torri unrhyw asgwrn. Edrychodd Eleanor a minnau ar ein gilydd mewn syndod gan fethu credu'r hyn roedd y wraig yn ei ddweud wrthym. Ni chlywsom unrhyw smic yn dod o'r tŷ ar y nos Lun. Roeddem wedi rhagweld y byddai'r dyn yn cael codwm a heb ddeall hynny ar y pryd.

Defod y Coroni

Digwyddodd rhywbeth rhyfedd iawn i Eleanor a minnau un prynhawn wrth i ni wylio Defod y Coroni yn fyw o Eisteddfod Genedlaethol Caerdydd 'nôl ym mis Awst 2018. Dechreuodd y rhaglen am chwarter wedi pedwar, a chyn i'r seremoni gychwyn, roedd y gyflwynwraig, Nia Roberts, yn trafod y gystadleuaeth gyda Karen Owen a Dylan Iorwerth yn y stiwdio, ynghyd â chyfweliad gyda Nora Thomas, gwneuthurwraig y Goron. Ymhen 22 munud i'r rhaglen, am 4.37, dyma Nia yn datgan, 'Ma' nhw'n dweud wrtha' i eu bod nhw'n barod, felly, awn ni draw i Theatr Donald Gordon yng Nghanolfan y Mileniwm ar gyfer Defod y Coroni. Yn gwmni i ni yno mae Heledd Cynwal'.

Ymddangosodd llun o lwyfan yr Eisteddfod ar y sgrin. Yna, cyflwynodd Heledd Cynwal y cyrn gwlad, gydag un corn yn galw o'r llwyfan, a chorn arall yn galw o ganol y gynulleidfa. Tywyllodd y theatr ac eithrio un llafn o olau cryf a oedd yn chwilio'r gynulleidfa am yr enillydd, fel sy'n arferol yn ystod y prif seremonïau. Yng ngolau'r llafn, dyma ni'n gweld rhywun yn codi ar ei draed yn bell i ffwrdd o'r llwyfan. Aeth y camera'n agosach at y person a phwy oedd yno mewn dillad lliwgar ond y bardd a'r awdures, Catrin Dafydd. Dyma'r camera a'r golau yn canolbwyntio arni am ychydig o eiliadau, yna, yn hollol ddisymwth, fe ddiflannodd Catrin a newidiodd pethau'n gyfan gwbl. Daeth llun o osgordd yr Orsedd yn cerdded yn hamddenol tuag at y llwyfan ar y sgrin.

Roeddem ein dau'n methu deall beth yn union oedd wedi digwydd. Pam ein bod wedi gweld llun o Catrin Dafydd a hithau wedi codi ar ei thraed fel pe bai'n cael ei hanrhydeddu am rywbeth gan yr Eisteddfod? Tybed a oedd hi'n cael gwobr arbennig am rywbeth yn gysylltiedig â'r Eisteddfod? Os hynny, pam rhoi'r sylw iddi rŵan ar draws cychwyn Defod y Coroni? Nid chafodd ei henw ei ynganu o gwbl ac ni soniodd neb amdani chwaith. Roeddem ein dau mewn dryswch llwyr. Nid oedd y digwyddiad yn gwneud rheswm o fath yn y byd i ni.

Am 5.12 daeth yr ateb, gan ein gadael yn gegrwth. Traddodwyd y feirniadaeth gan y Prifardd Christine James, ac ar ôl caniad y corn gwlad, fe alwodd yr Archdderwydd Geraint Lloyd Owen ar *YMA*, sef ffugenw'r buddugol, i sefyll ar ei draed. Aeth y theatr yn dywyll a gwelwyd y llafn o olau eto'n cael ei chwifio o amgylch y gynulleidfa wrth chwilio am y bardd buddugol. Yna, canolbwyntiodd y golau ar yr enillydd. Pwy wnaeth godi ar ei thraed ond Catrin Dafydd – yn gwisgo'r union ddillad ag yr oedd hi pan welson ni hi'n sefyll yn y golau yng nghanol y gynulleidfa hanner awr cyn i'r seremoni gychwyn.

Cofiais i mi recordio'r seremoni. Dyma ei chwarae'n ôl ... ond nid oedd sôn amdani'n codi'r tro cyntaf arno. Chwaraeais y recordiad eto – o'r dechrau i'r diwedd – ond yn sicr, nid oedd golwg o'r lluniau cyntaf yno o gwbl. Ar hynny, daeth yn glir i mi beth oedd wedi digwydd. Cefais y lluniau gan y byd ysbrydol – yn yr un ffordd yn union ag y mae ysbrydion yn trosglwyddo eu neges i mi. Oherwydd hynny, roeddem wedi gweld Catrin Dafydd yn cael ei choroni tua hanner awr cyn i hynny ddigwydd go iawn. Roeddwn wedi profi rhagwelediad. Yn rhyfedd ddigon, roeddwn wedi cyfarfod â Heledd Cynwal a oedd yn arwain y seremoni ychydig fisoedd yng nghynt. Cefais fy nghyfweld ganddi'n sôn am ysbrydion ar gyfer y rhaglen *Cynefin* ar S4C. Tybed ai cyd-ddigwyddiad oedd hynny?

Hefyd ar gael gan yr awdur: